经济学学术前沿书系
ACADEMIC FRONTIER
ECONOMICS BOOK SERIES

中国房地产资产管理研究

苏英亮◎著

经济日报出版社

图书在版编目（CIP）数据

中国房地产资产管理研究／苏英亮著．—北京：经济日报出版社，2022.12

ISBN 978－7－5196－1218－4

Ⅰ．①中… Ⅱ．①苏… Ⅲ．①房地产－资产管理－研究－中国 Ⅳ．①F299.233.3

中国版本图书馆 CIP 数据核字（2022）第 194238 号

中国房地产资产管理研究

作　者	苏英亮
责任编辑	李晓红
责任校对	张　清
出版发行	经济日报出版社
地　址	北京市西城区白纸坊东街 2 号 A 座综合楼 710 室（邮政编码：100054）
电　话	010－63567684（总编室）
	010－63584556（财经编辑部）
	010－63567687（企业与企业家史编辑部）
	010－63567683（经济与管理学术编辑部）
	010－63538621　63567692（发行部）
网　址	www.edpbook.com.cn
E－mail	edpbook@126.com
经　销	全国新华书店
印　刷	北京虎彩文化传播有限公司
开　本	710 毫米×1000 毫米　1/16
印　张	13.25
字　数	167 千字
版　次	2022 年 12 月第 1 版
印　次	2022 年 12 月第 1 次印刷
书　号	ISBN 978－7－5196－1218－4
定　价	49.00 元

摘 要

随着全球化经济的快速发展，如今的金融服务业已经趋向于国际化。在这个领域里，资产管理是其中发展最迅速、规模化最高的行业之一。在发达国家，金融服务机构主要是通过大力发展资产管理业务来增加营业收入。在国内，资产管理也拥有良好的发展前景。最近十几年来，我国房地产市场急剧发展，在极大带动经济发展的同时，也产生了巨量的泡沫和风险。特别是受到宏观经济环境和国家政策变动的影响，房地产业的区域分化趋势严重。从经济发展的规律与世界各国的经验来看，资产管理是提升金融经济发展质量的重要手段，有利于提升资源的有效配置效率，提升资本价值，降低行业风险发生概率，润滑经济的健康发展。与传统房企相比，房地产资产管理公司要具备更强的金融运作能力、价值提升能力与不良资产处置能力。由于在资产管理方面的专业化，房地产资产管理企业往往具有更强的跨界整合的能力，既了解金融市场又熟悉房地产市场，在盘活资金和房地产资产对接方面优势也更明显。因此，利用资产管理的方式运作房地产项目是我国房地产市场发展的重要趋势，也是各国房地产发展的一般规律。为了对房地产行业的资产管理所存在的各种问题进行深入的了解和分析，本研究通过使用定量和定性分析相结合的方式，在已有研究的基础上进一步分析总结出房地产市场资产管理的一般规律。对我国发展房地产市场资产管理的改革目标和实施路径等进行了系统和前瞻性的研究。

关键词：资产管理；房地产；宏观调控；金融工具

ABSTRACT

The asset management industry is one of the largest and fastest developing industries in the world's financial services industry. From a worldwide perspective, asset management business has developed into one of the pillar businesses and main source of profit of financial institutions in developed countries. The proportion of income is generally above 25%. In China, the development space of the asset management market is also very wide. In the last decade, the real estate market in China has developed rapidly. At the same time, it has greatly promoted the development of the economy, and also produced a huge amount of bubbles and risks. Especially under the influence of the macro economic environment and the change of national policy, the regional differentiation trend of the real estate industry is serious. From the rule of economic development and the experience of countries all over the world, asset management is an important means to improve the quality of financial and economic development. It helps to improve the effective allocation efficiency of resources, enhance capital value, reduce the probability of industrial risk and the healthy development of lubricating economy. Compared with the traditional housing enterprises, the real estate Asset Management Company should have a stronger financial operation ability, the ability to improve the value and the ability to deal with the bad assets. Due to specialization in asset management, real estate asset management companies tend to have stronger cross-border integration capabilities. They know both financial market and real estate market, and have more advantages in reinvigorating capital and real estate assets.

Therefore, the operation of real estate projects by means of asset management is an important trend in the development of China's real estate market, as well as a general rule of real estate development in different countries. In order to make a more systematic and comprehensive study of the property management of the real estate market, this paper tries to adopt a qualitative and quantitative research method. On the basis of previous research, the general law of asset management in the real estate market is analyzed and summarized. This paper makes a systematic and forward-looking study on the reform goal and implementation path of the development of asset management in China's real estate market.

Key words: Asset management; Real estate; Macro control; Financial instruments

目　录

CONTENTS

摘　要 …………………………………………………………… 1

ABSTRACT …………………………………………………… 2

第一章　绪论 ………………………………………………… 1

第一节　选题的来源及理论和实践意义 ………………… 2

一、问题提出 …………………………………………… 2

二、研究意义 …………………………………………… 5

第二节　国内外研究综述 ………………………………… 7

一、国外研究综述 ……………………………………… 8

二、国内研究综述 ……………………………………… 11

第三节　研究方案 ………………………………………… 16

一、主要研究内容 ……………………………………… 16

二、研究框架 …………………………………………… 17

三、研究方法 …………………………………………… 17

第四节　研究的创新点及不足 …………………………… 17

一、研究的创新点 ……………………………………… 17

二、研究存在的不足 …………………………………… 18

第二章　房地产资产管理的理论基础 ……………………… 19

第一节　房地产周期理论 ………………………………… 20

一、房地产周期理论概述 ……………………………… 20

二、房地产周期理论与本研究相联系的核心内容 …… 21

三、房地产周期理论对本研究的指导作用 ……22
第二节 房地产金融创新理论 ……23
一、房地产金融创新理论概述 ……24
二、房地产金融创新理论与本研究相联系的核心内容 ……25
三、金融创新理论对本研究的指导作用 ……27
第三节 资产管理理论 ……28
一、资产管理理论概述 ……29
二、资产管理理论与本研究相联系的核心内容 ……29
三、资产管理理论对本研究的指导作用 ……30
第四节 委托－代理理论 ……31
一、委托－代理理论概述 ……32
二、委托－代理理论与本研究相联系的核心内容 ……33
三、委托－代理理论对本研究的指导作用 ……34
第五节 行为经济学理论 ……35
一、行为经济学理论概述 ……36
二、行为经济学理论与本研究相联系的核心内容 ……36
三、行为经济学理论对本研究的指导作用 ……38

第三章 房地产资产管理的一般研究 ……41

第一节 房地产资产形成和发展 ……42
一、房地产资产产生与发展 ……44
二、房地产资产发展产生的风险和后果 ……46
第二节 房地产资产管理的必要性和必然性 ……48
一、房地产资产管理的定义及理论依据 ……48
二、房地产资产管理的必要性 ……49
三、房地产资产管理的必然性 ……54
第三节 影响房地产资产管理的主要因素 ……58
一、宏观调控政策导向对房地产资产管理的影响 ……58
二、城市化发展对房地产资产管理市场的影响 ……60
三、市场经济发展水平和市场体系完善程度对资产管理的影响…62

四、金融体制框架结构对房地产资产管理的影响 ……63
第四节 房地产资产管理的类型分析 ……65
一、房地产资产以增量为主型的房地产资产管理方式 ……65
二、房地产资产以存量为主型的房地产资产管理方式 ……66
三、房地产资产存量和增量平衡型房地产资产管理方式 ……67
第五节 房地产资产管理的运行机理及发展趋势 ……68
一、房地产资产管理的运行条件 ……68
二、房地产资产管理的运行机理 ……71
三、房地产资产管理的发展趋势 ……76

第四章 我国房地产资产管理的现状及问题分析……81

第一节 我国房地产资产管理历程回顾 ……82
一、房地产资产管理萌芽期（1978—1991 年）……83
二、房地产资产管理启动期（1992—2008 年）……85
三、房地产资产管理调整发展期（2009 年至今）……87
第二节 我国房地产资产管理取得业绩和面临挑战 ……88
一、我国房地产资本管理取得的业绩 ……88
二、我国房地产资产管理面临的机遇与挑战 ……91
第三节 我国房地产资产管理的主要特点 ……96
一、我国金融业不发达，房地产资产管理处于较低水平 ……96
二、我国房地产资产管理国家干预很强 ……98
三、我国房地产资产管理不能充分发挥市场配置资源的决定性作用 ……99
第四节 房地产资产管理运行机理 ……101
一、我国房地产资产管理运行机理 ……101
二、我国房地产资产管理的实例 ……104
三、我国房地产资产具体管理与一般房地产资产管理的比较……106
第五节 目前我国房地产资产管理存在的问题和原因 ……107
一、房地产市场资产管理存在的问题 ……108
二、针对现存问题的原因探究 ……110

第五章 国外房地产资产管理比较研究 ······ 115

第一节 美国的房地产资产管理 ······ 116

一、美国房地产资产管理的基本概况 ······ 116

二、美国房地产资产管理的成功做法 ······ 118

三、美国房地产资产管理存在的问题 ······ 119

第二节 德国的房地产资产管理 ······ 121

一、德国房地产资产管理的基本概况 ······ 121

二、德国房地产资产管理的成功做法 ······ 122

三、德国房地产资产管理存在的问题 ······ 124

第三节 日本的房地产资产管理 ······ 126

一、日本房地产资产管理的基本概况 ······ 126

二、日本房地产资产管理的成功做法 ······ 126

三、日本房地产资产管理存在的问题 ······ 128

第四节 若干国家房地产资产管理比较与借鉴 ······ 129

一、房地产资产管理成功做法的比较 ······ 129

二、房地产资产管理存在问题的比较 ······ 131

三、国外房地产资产管理的经验借鉴 ······ 132

四、国外房地产资产管理引以为戒的教训 ······ 134

第六章 中国房地产资产管理的目标模式与改革路径 ······ 137

第一节 新时代促进我国房地产资产管理发展的条件分析 ······ 138

一、我国的社会主要矛盾发生变化 ······ 139

二、市场前景日益广阔 ······ 141

三、金融环境逐渐完善 ······ 142

四、先进技术的有力支撑 ······ 144

第二节 新时代我国房地产资产管理的目标模式研究 ······ 145

一、新旧时代我国房地产资产管理模式的不同点 ······ 145

二、新时代我国房地产资产管理目标模式基本框架 ······ 147

三、我国房地产资产管理的三个阶段分目标模式 ······ 151

第三节 我国房地产资产管理的改革方向 …………………… 154
一、我国房地产资产管理改革遵循的价值导向 ……………… 154
二、我国房地产资产管理改革坚持的基本原则 ……………… 155
三、我国房地产资产管理改革的主要路径 ………………… 157
第四节 我国房地产资产管理的改革路径 …………………… 161
一、建立完善的房地产资产管理公司法人治理结构 ……… 161
二、明确对房地产资产管理公司的目标定位 ……………… 165
三、完善房地产资产管理公司运营的法律环境 …………… 166
四、妥善引入外资参与我国不良资产处置 ………………… 166
五、积极稳妥利用债转股方式处置不良资产 ……………… 168
第七章 促进我国房地产资产管理发展对策建议 ………………… 171
第一节 增强政府宏观引导及政策扶持 ……………………… 172
一、推进房地产资产管理持续稳健发展 …………………… 173
二、发挥房地产资产管理作用为城市更新服务 …………… 174
三、保障公共性住房调整结构性平衡 ……………………… 176
四、完善建立房地产资产管理法律法规 …………………… 177
第二节 积极探索房地产资产管理金融创新 ………………… 178
一、创新房地产投融资模式 ………………………………… 178
二、引导房地产资产管理混业经营 ………………………… 180
第三节 努力提升房地产资产管理机构专业化水平 ………… 182
一、构建专业的资产提升计划 ……………………………… 182
二、加强人才队伍及团队建设 ……………………………… 184
三、积极适应互联网＋时代 ………………………………… 185
第四节 建立和完善房地产资产管理风险防控机制 ………… 186
一、构建有效的市场风险对冲机制 ………………………… 187
二、完善混业金融的风险监管框架 ………………………… 187
三、鼓励自律性的内部风险防控管理 ……………………… 189
第五节 健全共享的房地产资产管理链接系统 ……………… 190
一、构建房地产资产管理信息分享平台 …………………… 190

二、推动房地产资产管理增信系统建设 …………………… 191
三、拓宽房地产资产管理共享合作的领域范围 ……………… 191
参考文献 ……………………………………………………………… 193
后　记 ………………………………………………………………… 197

第一章　绪论

第一节　选题的来源及理论和实践意义

一、问题提出

资产管理行业是当今世界金融服务业中规模最大、发展最快的行业之一。从世界范围看，资产管理在发达国家已经逐渐成为金融服务机构所赖以生存的产业。在国内，资产管理也拥有良好的发展前景。根据相关的报告资料预测：中国的资产管理市场有希望在将来的十年间凭借 25% 的超高增长率跃居世界首位，且每年的盈利都能够超过 30 亿美元。但是，尽管资产管理公司在国际上日益流行，在我国也被视作经济和金融改革的一项重要举措，然而不论是在理论上还是在实践中，人们对资产管理行业的认识还很欠缺，对其运营的有效性了解不多，甚至还存在一定的误解。

从概念上讲，资产管理具有很丰富的理论内涵。狭义上，人们往往认为资产管理公司主要是做不良资产处置。从广义上讲，专业的投资机构通过将各类资产进行收集和整理并将其投放于资本市场的整个流程被称为资产管理。资产管理业务是指证券、期货、基金等金融投资机构通过合同约定的方式，与客户建立相应的业务关系。在这种关系中，身为资产管理人的投资机构按照合同的具体条约为顾客提供相应的投资管理服务。资产管理业务范围包括证券经营机构在传统业务基础上发展的新型业务。而在国外较为成熟的房地产市场中，投资者大都愿意委托专业人士管理自己的房产，以取得较为可观的收益。而专业的资产管理经营机构通过对市场信息的把握管理投资者委托的房地产资产，训练有素的专业人员通过金融资本市场化手段运作，有利于实现资源的合理分配，对房地产行业的发展也具有稳定和提升作用。房地产资产管理不仅需要对各类型房地产资产的潜在价值进行充分评估，更重要的是要基于经济金融等外部环境的变化进行综合的、动态的资产价值提升。房地产资产管理部分业务示例：

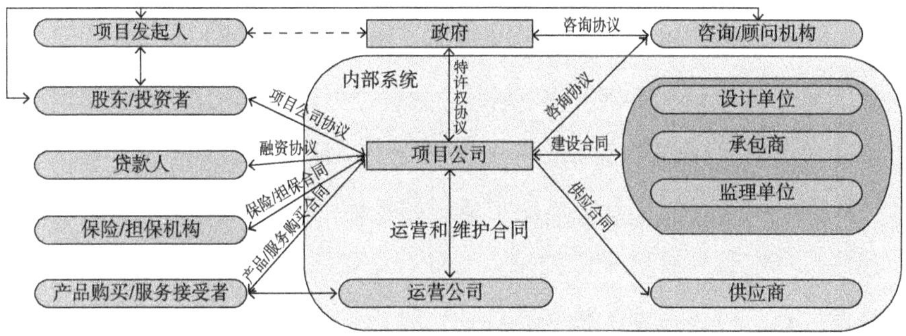

图 1–1　房地产资产管理部分业务示例图

从行业的价值来讲，资产管理为实体经济的发展奠定了坚实的基础，对市场财富进行了有效的管理，推动了混业经营的不断发展，同时也加快了经济转型的步伐，对投资者的经济利益保护和金融服务业的繁荣发展也具有重大意义。从某个方面讲，资产管理行业将有效地提高国内资本市场的运营效率。资产管理的价值可以从以下三方面得以体现：

一是有效的资产管理能够推动经济的发展，加快经济转型的步伐。经过大量的研究表明，当经济实体以直接融资为主要融资方式时，如果遭遇经济大危机，那么这种经济实体将会很快得到恢复，且恢复程度较高。资产管理市场正在不断地发展并日益走向成熟化，直接融资模式逐渐被资产管理机构广泛采用，这在很大程度上推动了国内直接融资市场的进步，同时也使社会资本得到有效的利用，对经济的稳定发展起到了显著的促进作用，加快了经济转型步伐。在美国次贷危机发生之前，就有相关的国际组织收集了关于以往出现的 80 多次经济危机的资料，对危机过后的经济复苏状况做了具体的分析。相关结果表明，以直接融资为主导的经济实体要比以银行为主导的经济实体的恢复速度快，且直接融资恢复的程度也比银行高。在经济复苏的前期，直接融资对 GDP 增长的促进效果要比银行融资显著，随着时间的推移，二者的差距将逐渐被拉大，且越来越明显。现阶段，我国的经济体依然是以银行为主导的。中国人民银行公布的资料显示，到2015年底为止，在国内的社会融资总量表中，表内间接融资所占比例高达69%，表外融资占据了17%的比例，而直接融资所占比重较低，仅有14%。从发达国家的经验来看，资产管理行业发展与直接融资体系的建设相辅相依，有利于提升直接融资的额度和比例。因此，资产管理行业的稳定发展对直接融资市场的迅速发展起到了巨大的推动作用，也为中国经济的健康发展和优化升级奠定了良好的基础。

二是资产管理有助于维护投资者的合法经济权益。投资是经济发展的重要助推器，但是，个人投资者往往风险识别能力较差，在风险发生后也不懂得如何通过资产管理体系和法律手段来有效地维护自身的经济利益，这就导致大部分中小型企业投资者的权益严重受损。但资产管理机构能够凭借自身的优势，通过加入公司董事会、参加日常的经营与管理活动、争取分红、控制债务情况、合理有效地使用法律武器等多种途径来捍卫自身的立场和权益。从长远发展的角度来看，这些措施有助于推动资本市场的法制化进程。

三是资产管理对惠普金融的发展具有显著的促进作用，也为经济实体发展提供了有力的支持。在我国的“十三五”规划体系中，关于金融改革的方案被多次提出，其中包括创新金融服务、促进资本市场的多元化发展、大力推动惠普金融、提高对外开放程度等。要想实现“十三五”规划中的金融改革目标，就必须积极地发展资产管理行业，具体可以从提升直接融资占比、减少杠杆率的比率、增强产品创新性、完善风险管理与控制体系等方面入手，这样有利于降低不良资产发生率，提升资产价值。资产管理公司也可以参与国家重大项目的建设与发展，从而推动我国综合创新能力的提升，这不仅为金融惠普化奠定了基础，而且促进了实体经济的持续健康发展。因此，从经济发展的规律与世界各国的经验来看，资产管理是提升金融经济发展质量的重要手段，有利于提升资源的有效配置效率，提升资本价值，降低行业风险发生概率，润滑并促进经济的健康发展。

二、研究意义

房地产行业是国民经济发展的重要支柱产业，与其他行业，特别是银行金融业的发展关系密切。从世界范围看，房地产行业的不良贷款普遍存在较高的风险，这也是银行不良资产形成的重要原因。正常稳定发展的房地产行业会对经济的稳步上升产生重要的推动作用，但如果房地产行业的发展受到阻碍，也往往会对整个经济的运行产生严重的负面影响，最为直接的后果是会导致银行坏账急剧攀升，进而波及整个金融系统，甚至会引发严重的金融和经济危机。人类历史上经历的两次最严重的经济危机——1929 年世界经济大危机和 2008 年的金融危机爆发的最直接原因就是房地产市场崩盘进而引发一系列的连锁反应。

最近十几年来，我国房地产市场急剧发展，在极大带动经济发展的同时，也产生了巨量的泡沫和风险。特别是受到宏观经济环境和国家政策变动的影响，房地产业的区域分化趋势严重，三、四线城市的房地产出现过剩，中小开发商不可避免地面临资金困难，现金流紧张。而连续的“限购”调控政策也给许多城市的房地产市场带来压力，有价无市，交易量下跌的情况屡见不鲜，这些因素都有可能导致新一轮银行坏账的产生。2015 年国际重要评级机构惠誉的研究报告指出，“由于房产抵押贷款是银行赖以生存的业务收入之一，而且房地产行业与许多产业都存在密切的联系。中国的银行在进行惠誉评级时，其在住宅抵押和企业房产抵押方面发放的贷款与 2008 年相比，增长了 4 倍，而同期的贷款总额只增长了 2.6 倍。”这不失为对我国房地产银行业发展的一个警告。虽然也有国内学者指出，我国房地产开发不良贷款率占银行不良资产的总量比重并没有那么严重，但如果考虑某一地区的房地产市场，或具体某一银行的不良资产发生率，房地产的信贷风险仍然不容小觑。例如，根据海南银行发布的 2016 年年报，该银行的房地产贷款集中度很高，占整个银行总贷款额的 42.09%。

从发达经济体的房地产行业营运周期可以看出，金融工具对房地产行业的影响会因为时期的不同而存在明显的差异。西方的房地产行业发展历程大致可以被划分为以下三个阶段：

第一阶段房地产开发主要以房地产开发企业为主导。这一时期，房地产的开发者和投资者隶属于同一个主体，且银行为整个开发过程提供重要的资金支持。尽管房地产行业规模增长迅速，但是在发展的过程中存在许多问题，开发商盲目扩张规模，杠杆过高，过高负债率使银行所承担的风险急剧增加，这使得房地产行业的发展受到严重阻碍。

第二阶段房地产开发以房地产资产管理公司为主导。这一阶段的主导机构是房地产资产管理和信托企业，并且开发商的专业化程度越来越高，分工越来越细化，集成化程度高，逐渐向制造业的态势发展。房地产的资产证券化程度越来越高，房地产资产证券化规模扩大。

第三阶段房地产开发是以房地产资产证券化为主导。资产证券化使越来越多的人参与房地产行业的投资与建设中，这在很大程度上促进了资金向资本市场的投放，这些资金又通过资本市场最终进入房地产市场。

所以，通过以上分析可以看出，在经历房地产行业发展的最初阶段后，单纯依靠地产开发商的力量既无法满足房地产市场快速发展的需求，也会导致地产不良资产风险的增加，行业的不确定性也在加大。从我国当前房地产发展阶段来看，我国房地产市场正在大踏步向第二阶段过渡，资产管理公司在房地产市场开发中的作用愈加凸显。与传统的开发主导的企业相比，资产管理型房地产企业的优势众多。具体参见下表：

表 1–1　开发主导型和资产管理主导型企业特性比较表（1）

开发主导型与资产管理主导型房地产企业特性比较					
特性 企业类型	专业水平	资金实力	成长稳定性	品牌生命力	长期绩效
开发主导型	低	一般比较薄弱	起伏较大	易丧失	一般较差
资产管理主导型	高	一般比较雄厚	比较稳定	易保持	较好

表 1-2　开发主导型和资产管理主导型企业特性比较表（2）

开发主导型与资产管理主导型房地产市场比较					
特性 市场	市场成熟度	市场风险	市场波动幅度	市场效率	抗冲击能力
开发主导型	低	较高	较大	低下	较低
资产管理主导型	较高	较低	较小	较高	较高

从行业的特点和属性来看，与传统房企相比，房地产资产管理公司要具备更强的金融运作能力、价值提升能力与不良资产处置能力。由于房地产资产管理公司在资产管理方面的专业化，房地产资产管理企业往往具有更强的跨界整合的能力，既了解金融市场又熟悉房地产市场，在盘活资金和房地产资产对接方面优势也更明显。因此，利用资产管理的方式运作房地产项目已经成为我国发展房地产行业的必要途径，也符合国际房地产行业的发展规律。

具体到我国，虽然房地产市场资产管理发展空间巨大，前景广阔，但在理论上对于当下的发展模式和风险控制等方面的研究还非常欠缺。房地产市场资产管理发展也处于较为混乱的阶段，在资金的使用和监管方面也存在较大问题，不利于这个行业的长期健康发展。通过笔者多年的工作学习实践经验，充分认识到有必要对于房地产市场资产管理进行系统和前瞻性的分析。梳理其发展历程，指出其存在的问题，并根据各国的经验提出改革的方案和建议。这对于繁荣我国市场经济，稳定房地产和金融市场发展具有重要意义。

第二节　国内外研究综述

资产管理通常是指经由中介机构为客户提供个人的资产信托管理业务，机构为客户实现收益，机构收取管理费用从而客户和机构双重获利。

因此，资产管理公司可被定义为提供资产信托服务业务的企业。通常资产管理公司可以被分为两大类，分别是没有金融机构许可证的资产管理公司，以及持有我国银监会颁发的金融机构许可证的专业资产管理公司，其中持有金融许可证的专业资产管理公司专门针对金融机构的不良资产进行资产管理。通常情况下，各种商业银行以及投资银行进行资产管理的途径都是采用下设资产管理部门来进行的，这类资产管理部门通常没有金融许可证。而真正意义上的金融资产管理公司，往往是在国家干预的情况下产生的，专门用于处理各种商业银行的不良资产，这类公司在资产管理方面的业务更加丰富。而关于金融资产管理公司，国际上广义理解“金融资产管理公司”的实质是指由国家出面专门设立的以处理银行不良资产为使命的金融机构，具有特定使命的特征，以及较为宽泛业务范围的功能特征。

一、国外研究综述

（一）房地产周期的含义

国外在早期的研究过程中将房地产业周期与建筑周期相联系，然而当时并没有足够的经济学基础作为这一理论体系的支撑。Mitchell（1927）曾就这一现象发表了自己的观点，他认为建筑业会受到人口迁移、建筑后期维护以及投资利润率高低等因素的影响，因此，建筑业供给和需求会受到的影响因素很多，供给和需求需要很长时间实现，无法短时间进行无限的扩张或者缩减。不仅如此，由于建筑业所需的前期投资极为庞大，这也导致其对经济活动的影响相应地增大。Moore（1961）认为在进行住宅开发时可能受到财政、成本、利润率、家庭结构等多方面的影响，因此，要想准确地推算房地产的需求量就需要从更多的方面考虑，进行需求量估算时，需要将家庭结构、房屋空置率等多个指标结合分析，而进行建造量的推算时，则需要从财政、成本的多个角度分析。

不仅如此，Moore 还对各个国家具有不同特征的房地产业周期性波动特点进行了分析和研究，这为房地产业周期波动的研究提供了大量的可利用数据。Alan（1980）、Wenzlick（1980）通过研究美国房地产业在20世纪70年代末至90年代末发生的房地产交易额以及销售量，得出了美国房地产业周期波动的周期时长约为18年的结论。Case对以上关于美国房地产业周期时长的研究结论表示赞同，并且提出战争、技术变革等原因是造成这种周期性的主要因素。与此同时，他还提出了美国房地产业的短期波动周期时长应为五年，认为影响房地产业短期波动周期的因素主要有贷款、宏观政策、市场经济形势等。

（二）房地产周期的影响因素

西方经济学在不断的发展过程中，针对房地产业的周期波动进行了研究，并对促使这一波动产生的原因从微观角度进行了研究，试图找出使房地产经济产生周期性波动的根本原因。例如，Peter Chillloy（1966）就在研究房地产经济产生周期性波动的原因时，在其模型中加入了预期的因子，以了解推动房地产经济周期性变化的动力的根本来源。Charterjee（1999）在研究房地产业周期波动的影响因素时将动态经济理论与这一研究进行了结合，以得出反周期和货币政策与房地产业周期波动的影响程度。然而研究结果表明，宏观经济政策的改变并不会对房地产业的周期性波动产生较大的影响。Brown（1984）研究1968年到1983年间美国的住宅房地产销售情况，发现房地产周期波动现象依旧存在，并且这一波动与国民经济周期波动具有极强的联系性。Barrast和Ferguson（1985，1987）对英国的建筑周期波动进行了研究，在研究时将实证分析与理论分析相结合，推算出建筑周期的需求循环时间，大约为四到五年。建筑周期需求的循环时间主要与同期的经济情况以及政府政策变动情况有关建筑周期的供给循环大约需要九年。Kaiser（1997）为了研究美国房地产业长期波动周期，对美国78年来的数据进行了统一的分析。Clayton（1997）则从微观的层面对房地产业的周期性波动进行了分析，利用1982到1994年间的房地产住宅业数据对住宅市场的效率问题进行了分析研究。Wheaton 和 Rossof（1998）在对工业化的不动产波动周期进行分析时应用了一年的数据。Wheaton（1987）对第二世界大战结束后，美国写字楼的建设率和空置率进行了调查分析，发现这一情况每两年会出现周期性的循环。不仅如此，社会的就业率高低也会直接影响写字楼的供给和需求情况，且供给灵敏度通常比需求灵敏度高。Bertrand（1996）认为周期性波动不仅会受到国内形势的影响，还会受到国际大形势的影响。国际间的资本流通率、金融管制率、国家宏观调控财政政策都会对房地产业周期造成影响。

（三）房地产泡沫

除了对房地产业周期性的研究，国外的许多学者还对房地产泡沫进行了深入研究，并取得了相应的研究成果。Hirshleifer（1975）、Feiger（1976）、Harrison 和 Kreps（1978）、Kindleberger（1978）对市场参与者的心理进行了分析，市场参与者普遍认为市场的价格能够受到市场基础的影响，所谓市场基础包括了消费者心理、消费潮流等诸多因素，这些因素都会对房地产的价格造成一定的影响。Carey（1990）认为投资者的数量以及银行贷款的额度也会对土地价格的波动产生影响，三者之间成函数关系，土地价格的变化会根据投资者的投资价格而发生改变。Bertrand（1996）认为房地产业周期以及房地产泡沫的形成和破灭与金融借贷有极大的关系，不良风险较高的金融借贷会最终导致房地产业的经济运作出现问题。Allan 等（1998）在对房地产泡沫进行分析时，从信息不对称的角度出发进行考虑，最终得出了金融机构在实际的部门之间由于互动活动而产生的资产泡沫模型，这种泡沫形成的主要原因是金融机构的中介作用导致资产借贷出现问题。Mikinnon 和 Phill（1998）、Krugman（1998）认为，形成房地产业资产泡沫的主要原因是金融机构在以中介身份进行资产代理时出现的代理权问题。

二、国内研究综述

我国对房地产市场资产管理的研究还是比较薄弱。在中国知网搜索关键词“资产管理”，从2012年至今，共找到博士和硕士研究373篇，但博士研究仅有五篇。其中三篇博士研究是从电网管理、电力公司改革的视角谈论资产管理，与经济金融领域相关度较低。因此，从研究领域的总体情况来看，本研究从资产管理的视角思考房地产市场风险的控制与优化，具有很强的理论与实践创新性。在研究方法上，国内对于房地产市场资产管理主要还是以案例研究为主，特别是对于四大资产管理公司的运营模式进行了一定分析，理论研究比较缺乏，对于国外的研究案例也鲜有深入触及。总体上，这一领域还非常需要系统的研究。

（一）房地产资产管理的含义

国内目前对于房地产资产管理的理解还比较狭隘。例如，有的学者指出，房地产资产管理是指委托人通过一定的途径将其房地产资产授予他人代为管理，从而完成资产的保值与增值。房地产资产管理主要包括设施管理、运营管理、财务管理以及物业管理（王建，2015）。具体来说：

房地产资产中的物业管理主要是负责房地产的日常运营，为房地产业消费者提供相应的物业服务，并通过物业服务获得持续的资金流入。物业管理会将物业资产进行科学化的管理，其能够更好地迎合房地产消费者的需求，物业管理的内容有：制定物业的整体发展策略、对物业进行定位、对物业进行出售、对物业费用支出和利用进行审批管理、对物业运营绩效进行监控。监控物业绩效的目的是根据绩效来判断物业公司的工作和经营情况，以便及时调整物业公司与消费者之间的关系，并对物业费用的支出和利用加以调整，以期更好地满足消费者的需求。除此之外，制定物业投资目标以及进行投资决策能够更好地将物业资产进行组合，使其能够产生更大的收益。

房地产资产的设施管理主要包括住宅区内各种水电暖管网的管理与维护、住宅区内安保系统的管理与维护、住宅区内绿化区域的管理与维护、住宅区内日常的巡查、公共基础设施的管理与维护等。由此可见，设施管理在房地产业的物业服务中占有较大比重。目前来说，多数的高端型物业管理都是由国际性公司针对不同的需求而制定的科学化、高效管理，这种管理过程包含了设备的前期选择、招投标、购买和后期的维护，前期的工作是保证设备能够有较好的初始状态，而后期的管理则能够有效地降低设备的折旧、提升设备的使用年限，从而完成设备的保值。

房地产资产的财务管理对象主要是针对出租类的资产进行管理，从而使物业产权能够保证特定化、单一化，使资产的所有人能够永久地享用物业的权利，由此可见对资产进行财务管理的目的是使财务能够在长期时间内获得保值和升值，从而为资产所有者带去更高的利润。在这里可以将资产的增值过程看作资产的成长过程，因此其成长速度以及成长规模在很大程度上取决于前期的资金投入以及运营管理中的资金投入。在对资产进行财务管理时，管理费用往往从租金中扣除，而管理过程中所需的维护费用则由开发商提供。故而，影响到投资收益的主要因素就是资产的出租率以及租金的收取率。由此可见，在进行资产的财务管理时，严格筛选租户的质量对资产的收益有极大影响，在对资产管理水平进行评价时，就可以用这一指标作为衡量，通过营业预算表以及收支平衡表就能较快地判断出资产管理水平。

对于房地产资产的财务管理而言，房地产融资也是极为重要的因素，房地产的融资渠道主要有银行贷款、REITS、BOT 融资模式等，对于持有型物业融资往往采用 REITS 融资模式。投资者在进行投资时，往往更愿意选取资本获益更为显著的投资产品，商业物业、酒店物业以及写字楼物业都属于获益较为明显的持有型资产。就目前的形势而言，如何对收益显著的投资产品进行更为有效的资产管理、如何提高资产管理绩效是目前投资者最关心的两个问题，只有在解决好这两个问题后，投资者才能在承担更低风险的情况下获得更好投资收益。然而笔者认为，要想提高房地产资产管理的绩效，更侧重的是金融工具的使用和个性化服务的提升，强化金融手段和对于消费者市场的分析，以此来提升产品的价值。

（二）房地产周期

在台湾和香港地区，当地学者对房地产周期都有研究。谢贤程（1993）的研究表明，香港经济的重要组成部分之一就是建筑业，建筑业的发展对香港整体的经济情况有极大的影响，甚至对整体经济具有一定的带领作用，香港房地产业经历了五次大的周期，分别为：1946—1958，1959—1968，1969—1975，1976—1985，1986—2003。陈秋锄（1980）在对台湾的建筑周期进行研究时，引进了房屋建筑类数作为研究指标，研究结果表明，在1956年到1978年间，台湾共经历了3次建筑周期主循环以及7次建筑周期小循环，其中主循环和小循环的平均循环周期分别为8年和3年。从循环周期的波动特点来看，每一周期内经济的扩张期，都比收缩期要短，不仅如此，建筑周期的循环较宏观经济循环而言具有一定的滞后性。张金鹗（1996）也对台湾房地产周期进行了一定的研究，根据其收集的数据表明，台湾在1973年、1980年、1987年分别经历了三次房地产景气循环，从这一组数据可以看出台湾的房地产景气循环周期约为7年。根据台湾学者与香港学者对两地的房地产景气的分析方法可以看出，香港学者在研究时采用的方法更为简单和实用，并且其更注重了解房地产业的短期市场波动情况，而对房地产周期的长期以及系统性的分析较为贫乏。

较香港和台湾地区而言，我国大陆地区的房地产业发展得比较晚，所以相关学者对大陆房地产周期的研究也比较晚。到目前为止，大陆地区学者对于房地产周期的研究还主要停留在五个方面：一是对房地产周期的概念进行明确的界定；二是对房地产周期和宏观经济周期的区别和联系进行透彻的分析；三是对影响房地产周期波动的因素进行研究；四是确定房地产周期变化的指标体系；五是对国内每一个地区的房地产周期进行推测和计算。1987年，薛敬孝在《南开大学学报》发表的《试论建筑周期》，属于我国大陆地区早期发表的对房地产周期研究的文献资料，薛敬孝在其发表的文献中指出，房地产的供需问题对于建筑周期的影响是十分重要的，而影响供需的主要因素是人口的增长情况以及就业情况。陈柏东和张东（1996）认为，房地产经济运行周期包含了房地产经济在发展过程中需要经历的各个阶段，从最初的开发、建造到后期的经营、交易、维护、废弃，这整个过程共同构成了房地产经济运行周期。谢经荣（1993）在对大陆地区一年内的房价以及地价变化情况进行分析后，得出宏观的经济政策会对房价和地价产生较大影响的结论。张元端（1995）在分析大陆的房地产周期性波动时将国民经济增长率与商品房销售额增长率进行了联系，并得出结论认为，房地产的周期波动和国民经济的周期波动大体上是相符的。1996年，梁桂在进行浦东经济区的周期波动的研究时，把房地产供求关系当作重点研究对象，而且在研究期间还列出了商品房销售面积的指标，并利用这一指标对大陆的房地产业周期性波动进行了研究。何国剑、曹振良和李晟（1996）在对1981年到1994年中国大陆内商品住宅周期性波动的现象以及特征进行研究时，建立了八项合成指标，在得出单项指标的环比增长率后，综合应用到整体的房地产周期波动分析中。郭锋镜（1998）在对房地产业周期波动情况进行分析时，将深圳和北京的分类房地产市场作为主要的研究对象，并进行了实证分析。谭刚（2001）在学习过与经济周期波动和房地产周期波动有关的报告、研究资料之后，总结出房地产周期的含义，并提出了中国大陆房地产周期波动的模型。张江和李文诞（2001）在对影响住宅价格的因素进行分析时，将北京市的商品住宅市场作为研究对象，以动态的资本市场作为研究的基石，运用回归模型和二次曲线趋势模型对引起商品住宅价格波动的因素进行了深入分析，分析结果表明商品住宅的建造成本和实际的GDP对商品住宅价格的波动产生了重要的影响。刘学成（2001）在对房地产业周期发展情况进行研究时，引入了五个指标进行衡量，对房地产业发展的短周期以及长周期影响因素进行了分析，并确定了短周期与长周期的基本时间长度。中国社科院财务和贸易研究中心的“房地产业周期波动研究”课题组（2004）在对中国房地产行业的发展轨迹以及发展特征进行研究时，收集了大陆在1979年到2002年之间的房地产销售以及开发数据，在数据的基础上，对影响房地产周期性波动的因素进行了深入研究。

（三）房地产泡沫

我国对房地产泡沫市场进行的研究主要被划分为两大类：第一类是依据房地产行业自身的发展特征来分析房地产行业出现的泡沫问题。这一类研究大部分是建立在合理假设的基础之上，研究房地产行业内交易价格中的基本价格和泡沫部分。来自台湾的学术研究者们曾经使用共积关系来测验交易价格中的泡沫成分是否存在，结果证明了当时台北市的房地产销售价格确实出现了泡沫现象。周京奎和曹振良（2004）通过使用投机检验的方法分析了大陆地区的房地产行业，而结果表明，当前的大陆房地产行业的确存在明显的投机现象。台湾学者周世贤（1994）曾经用过此方法验证房地产销售市场的交易价格存在较高的泡沫成分。2005年，韩德宗也运用此种方法对北京、上海和广州的房地产市场交易价格进行了有效的检测，相关研究数据表明这三个地方的房地产市场同样也存在泡沫现象。第二类是通过研究与房地产泡沫息息相关的股市泡沫以及宏观经济发展状况，从而分析出导致房地产市场出现泡沫现象的真正原因。2002年，徐滇庆分析了台湾的货币供应数量和股票价格，并研究出二者分别对房地产泡沫价格的影响和联系，结果证明初期的货币供给和股市波动会对房地产泡沫产生直接的影响。另一研究也表明，导致台湾房地产行业出现泡沫现象的主要原因就是股价的大幅度变动。

第三节　研究方案

一、主要研究内容

资产管理对于提升我国金融运行效率，降低不良资产发生率意义很大。随着行业数据化程度的不断提高，国内的资产管理市场也跟上了时代前进的脚步。我国在 2012 年开始正式推行新的基金法，此后国内资管行业的各种牌照陆续放开，行业的准入门槛迅速降低，发展到今天，金融领域的混业经营更是已经进入了白热化的竞争状态。统计数据显示，我国于 2016 年 1 月 1 日之前，证券、期货以及基金与私募基金管理等机构的总资产已经达到了 38.20 万亿人民币，其中基金管理及其子公司的业务总量约为 12.60 万亿人民币，其管理的私募基金约为 8.40 万亿人民币，私募基金管理机构的资产总量约为 5.21 万亿人民币，期货与证券公司的总业务量分别为 1045 亿人民币与 11.89 万亿人民币。整体来看国内的资产管理市场相当广阔。

同时，随着我国房地产开发投资持续高速增长、房地产价格不断攀升、房地产信贷规模迅速膨胀，房地产发展中潜在的运营风险不容忽视。通过借鉴发达国家的发展经验，从房地产市场发展的阶段性出发，房地产资产管理公司接下来将会成为我国房地产市场发展的主要趋势，通过把金融、房地产、不良资产处置等各方面的业务融合提升，房地产资产管理公司具有很强的跨界资源整合能力。但对于这一模式的发展，在理论上还缺乏探索，在实践中也缺乏总结。笔者结合自身工作多年的经验，认为有必要在这一领域做系统的研究，发现潜在的问题，找到解决的方案，以促进房地产金融市场的健康有序发展。

二、研究框架

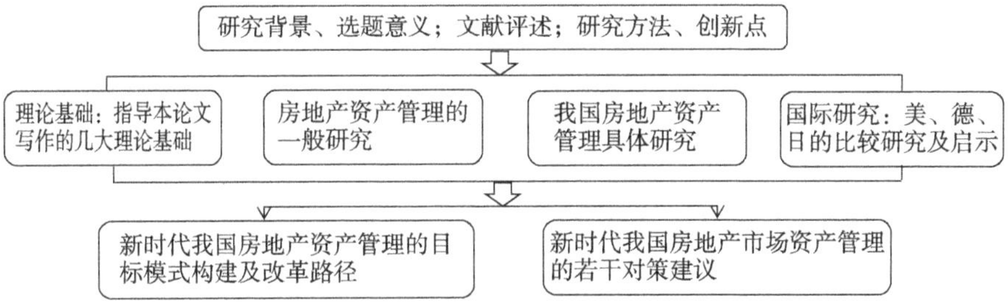

图 1-2　研究框架图

三、研究方法

本研究综合定量与定性两种研究办法，更加深入、全面地对当前国内房地产市场资产管理领域存在的问题展开研究。根据实际效果可以发现，定性研究能够综合大量专业知识形成针对性的理论体系，从而更好地指导实践活动，对研究目标取得更加感性与直观的了解；定量研究能够切实检验理论体系的实际应用情况，从而对其起到支撑作用。本次研究活动笔者将以定性研究为主，定量研究为辅，综合两种办法以确保此次研究活动的全面性与深入性。

第四节　研究的创新点及不足

一、研究的创新点

创新点一：本研究在前人研究的基础上进一步分析总结出房地产市场资产管理的一般规律。对房地产资产管理的房地产市场风险形成和演变机制进行详细研究，对一般运行机理进行了分析和探讨，得出影响房地产市场风险形成的主要因素、次要因素等。

创新点二：本研究系统总结梳理了国外几个主要经济体在发展房地产市场的经验教训，包括美国、日本、英国、中国香港等国家和地区，在不同发展条件下所进行的房地产市场改革，指出其成功做法、不足之处，以及对于我国的启示等。

创新点三：本研究对于我国发展房地产市场资产管理的改革目标和实施路径等进行了系统和前瞻性的研究。对新时代房地产资产管理的目标模式运行机理进行了分析和探讨。本研究对改革的目标进行了探讨和分析，对新时代我国房地产市场资产管理总目标和实现总目标的三个阶段分目标即短期目标（2020 年）、中期目标（2035 年）、远期目标（2050 年）的目标模式进行了界定和分析。

创新点四：另外，本研究拟对我国当前的房地产资产管理现状进行分析，对我国房地产资产管理具体运行机理进行了分析和探讨。指出其存在的不足和努力的方向。

二、研究存在的不足

由于我国房地产市场的发展历史较短，房地产资产管理年鉴之类的资料库还没有建立，加上具体微观和宏观统计工作还很薄弱，因此在数据收集上可能还不够全面。由于房地产资产管理业务链很长，影响因素很多，很多没有量化指标，不能推出管理模型。另外，受到材料收集和外文翻译的制约，国际比较部分可能有不详尽之处。

第二章　房地产资产管理的理论基础

为了能站在理论的高度来分析和研究房地产资产管理市场，使我们更为全面和深刻地认识和把握房地产资产管理市场发展的一般规律，并在理论的指导下，设计出符合中国实际的、富有经济效益的相应制度，有必要引入金融经济学理论、新制度经济学的理论分析方法来对房地产行业的资产管理进行全面系统的分析。本研究中主要采用房地产周期理论、房地产金融创新理论、资产管理理论、委托－代理理论和行为经济学理论等来建构房地产资产管理的理论分析框架。

第一节　房地产周期理论

一、房地产周期理论概述

房地产周期是一种正弦波，像所有周期波一样，它具有阶段、频率、波峰、波谷、波段和拐点等特点。房地产周期包括 4 个阶段，分别是萧条阶段、复苏阶段、繁荣阶段和衰退阶段。同时，房地产周期也具有上行周期和下降周期，其中上升周期就是复苏阶段和繁荣阶段，而下降周期则代表着衰退阶段和萧条阶段。将房地产周期阶段进行划分能够以一些固定的指标数值作为分类依据，例如房地产空置率，当空置率数值降低时就代表着房地产周期进入了复苏和繁荣阶段，空置率数值升高则代表着房地产周期进入了衰退和萧条阶段。另一个房地产周期定义对周期和需求周期这两个概念的不同之处进行了分析，按照房地产行业的供求关系以及经济特点对周期进行明确的划分，供给和需求的相互作用将直接影响房地产空置率的变化。测量房地产周期持续时间一般方法是通过量取时域范围内波峰与波峰之间，波谷与波谷之间的长度来测算持续时间的。

在初期进行房地产周期的研究时，研究的核心主要是宏观经济发展情况与房地产的周期变化之间的相互联系，例如经济的发展和房地产周期之间的关系，房地产的繁荣与衰退对经济增长产生的影响，等等。

二、房地产周期理论与本研究相联系的核心内容

与本研究内容联系密切的是房地产周期理论中关于房地产的周期阶段划分以及对房地产周期产生重大影响的内容。房地产周期与经济周期之间具有密切联系，影响经济周期的很多因素对房地产周期也具有重要影响。经济学家根据时间的长短将经济周期划分为三种不同类型，分别是长周期、中周期和短周期。与经济周期类似，房地产周期也可以划分为上述三个类型，其中，长周期指的是时间跨度大约为 50 年的周期，中周期指的是时间跨度为 8 到 10 年的周期，短周期指的是时间跨度大约为 40 个月的周期。我国的房地产发展表现出了周期性波动的规律，并且以短周期为主，1992 年以前周期长度平均为 3 ~ 5 年，1993 年以后周期长度开始逐渐缩短，大约为 2 年左右。

货币政策变化与信贷市场对房地产周期具有重要影响，这种类型周期是由中央银行的货币政策和信贷市场的波动引起的，货币的供给数量会对股市和房地产市场的周期性变动产生直接的影响。货币信用扩张所带来的影响主要从投资需求的角度影响其购房决策。广义货币增长将与房地产资产价格呈现正相关关系。房地产价格产生泡沫的主要原因和银行的信贷活动是密不可分的。在房地产市场处于繁荣的发展阶段时，高昂的房屋价格会直接促进银行各种信贷和抵押资产的价值出现大幅度的提升。此外，相关部门的监管不力以及银行对危机预防和处理的忽视也是导致房地产出现

泡沫价格的重要原因。较低的银行贷款利率和较强的资金流动促使更多的投资者将大量资金投入房地产市场，这样不仅导致资产泡沫化程度的加深，而且也增加金融市场危机的发生概率。

土地政策是影响房地产周期变化的基础因素，但土地不同于其他要素，其具有的空间地位位置的异质性、不可移动性等特征决定了土地具有垄断性质，进而决定了房地产市场难以像其他市场一样保持一个完全竞争的市场状态。再加上土地的使用会受到相关法律法规的限制，城市和农村之间的用地问题无法得到有效的解决，这就使得城市出现了用地紧张的现象，进而导致土地价格周期性波动更加剧烈。

宏观经济因素影响房地产周期变化。基本经济变量、投资水平、居民消费、利率变化以及通货膨胀等是影响房地产周期变化的重要因素。可将导致房地产市场出现周期性变化的原因划分为三大类：房地产自身原因，外部环境变化导致的房地产周期，以及由结构性经济变化导致的周期。虽然导致房地产周期变化的因素有许多种，但是最主要的原因还是金融市场缺乏严格的管制以及国际经济基本面等因素之间的互相作用。

三、房地产周期理论对本研究的指导作用

房地产发展进程与经济周期相似，房地产行业也呈现出一定的周期性特点，把握不同周期的阶段特征，是指导房地产资产管制实行的主要规范。同时，货币信贷政策、土地政策及宏观因素等都会影响房地产市场的发展以及房地产周期的形成，这些因素在不同的阶段发挥的作用不同，在同一阶段中发挥作用的方向、力度等也存在差异，因此，房地产资产管理必须对政策因素进行深入研究，充分利用政策红利，有效化解政策风险，真正实现房地产资产管理在房地产周期中的作用。

（一）房地产周期阶段论述对本研究的指导作用

房地产周期阶段性论述对本研究第三章第一节房地产资产形成和发展和第四节房地产资产管理的类型分析有指导作用，运用房地产周期阶段性理论找到我国房地产资产管理发展的阶段，在第五章中学习国外发展经验，解决当前遇到的问题，为第六章我国新时代发展的目标模式提供理论指导。房地产周期理论影响着房地产资产管理的各个环节。房地产周期的变化，影响着融资成本、生产要素的完备、材料的更新迭代、产品的类型、销售速度的快慢、项目的周期、投资收益、管理方式，等等。在顺周期时，通过调整发展战略，快速发展；在逆周期时，如何规避风险，降低损失。房地产周期理论对房地产资产管理具有十分重要的指导作用。

（二）影响房地产周期理论重要因素的论述对本研究的指导作用

影响房地产周期重要因素的论述对本研究第三章房地产资产管理一般研究中第三节影响房地产资产管理的主要因素有指导作用，通过对各影响因素对房地产周期的影响研究和对房地产资产管理的影响研究，总结出各因素对房地产资产管理发挥作用的规律。根据各影响因素的不同，在本研究第三章第三节总结出房地产资产管理的三种类型分析。运用影响房地产周期重要因素论述对本研究第四章第五节我国房地产资产管理存在的问题和原因提供理论指导。

第二节 房地产金融创新理论

从 20 世纪 70 年代开始，以美国为代表的发达国家的金融市场开始进入迅速扩张阶段，消费者、企业、政府对金融服务的需求不断扩大，但金融管理体制未能充分适应金融市场和金融需求的变化，这催生了多种多样的金融创新活动的出现。受金融实践活动的影响和启发，一些学者逐渐将创新理论应用到对金融活动的解释中，比如对金融创新产生的原因、运行的机制以及金融创新的影响进行分析。

一、房地产金融创新理论概述

进入20世纪90年代以后，金融创新的理论框架逐渐成型，并成长为金融学研究领域中的一个亮点。从金融创新理论的内容来看，学者们主要关注哪些因素导致了金融创新活动的产生，这不仅仅是金融创新理论体系形成的基础，同时也体现了金融创新理论与实践相结合的特点。

金融创新理论分为两类：第一类金融创新理论为“内因说”。金融创新活动之所以会出现并迅速发展，根本是金融机构为了实现利润最大化的目标，降低经营风险，满足社会对金融服务提出的新需求，创造出新的金融产品，或者采用新的金融制度。第二类解释金融创新的理论可以归结为“外因说”。主张“外因说”的理论主要从金融机构外部环境的变化来解释金融制度调整的动力以及降低成本的原因。“内因说”和“外因说”在一定程度上解释了金融创新的动力，但是当金融机构所处的外部经营环境相对稳定的情况下，金融创新活动仍然展现出了阶段性特征，因此，规避监管说开始取代“内因说”和“外因说”，逐渐成为解释金融创新活动的理论基础。

金融创新“功能说”理论指出信息技术的广泛应用改变了金融机构赖以生存的传统信息优势，金融市场和金融机构的功能也相应地从规避风险转向配置风险，如同其他稀缺资源一样，风险也开始成为一种稀缺的资源，风险配置成为一种新的金融活动。金融理论和金融市场实践的不断发展，人们对金融风险的认识也逐渐深化，金融风险不再被认为是一种消极因素，而是社会和经济领域中具备的一个天然属性，经济和金融活动越频繁，金融风险的作用和影响就越大。

房地产行业的金融创新理论分别在房地产金融和金融创新两个方面得

以体现。房地产金融是货币信贷活动的一种类型，主要与房地产的建设、消费、修缮、出租以及维护有关。房地产金融既包括地产金融，也包括房产金融。房地产金融的主要内容是住房信贷，也包括其他信用类资金的使用，还包括了金融服务体系以及住宅基金市场，房地产金融涉及的主体包括：房地产企业、居民、政府机构以及有关金融服务机构。住房金融一般包括两种，一种是狭义上的住房金融，另一种是广义上的住房金融。所谓狭义的住房金融，其包括了用于非营利的与住房的销售以及管理等有关的各种货币借贷、结算与流通等方面的金融业务往来活动。而广义的住房金融包含了所有与住房的销售以及管理等有关的各类金融业务往来活动。从这些概念的解释可以看出，现阶段的房地产金融主要包括了在房屋住宅用地的前期投资与开发、中期的建设以及后期的销售等环节所涉及的所有资金借贷和融通等方面的金融活动。

二、房地产金融创新理论与本研究相联系的核心内容

从本研究的研究内容来看，金融创新理论中的提高资金流通效率和金融市场效率、风险转移重要功能、提高社会效益和居民福利与本研究的联系最为密切。社会财富的增长导致人们对新型金融产品需求的增加，这是推动金融机构持续进行金融创新的关键动力。从房地产市场的发展来看，推动房地产市场发展的根本动力也是源于人们不断增长的社会财富，首先是对房地产实物的需求的增长，其次，当房地产存量达到一定水平时，人们对房地产资产管理提出了需求。作为一项金融创新，房地产金融创新具有多项功能，丰富金融产品、金融和房地产资产管理深度融合，比如促进资金流通、分散房地产风险、提高社会效益居民住房福利等。

提高资金流通效率和金融市场效率是金融创新的核心功能之一。房地产领域的金融创新同样具有该功能。对于金融创新 IMF 将其表述为令经济活动由低杠杆变为高杠杆的特殊活动。按照上述定义，房地产金融创新为

投资者提供了更多的可以用于投资的金融产品和工具，将房地产市场与金融市场结合起来，拓展了普通投资者的投资渠道和投资方式。通过上述几种创新，房地产金融成功地由低杠杆转变为了高杠杆，这种模式下获取同等回报所需投入的资金更少，充分调动了人们的投资热情，吸引了大量资金，提升了行业的资金流通效率。

金融创新具有风险转移的重要功能，比如房地产资产的价格风险和信用风险等可以通过金融创新产品和安排得到转移。金融创新活动包括金融衍生品交易，可以明显降低金融市场中的信息不对称程度，同时减轻委托－代理方面带来的成本，提高交易效率，使衍生品通过创新增加风险分担的机会，这可以在一定程度上降低风险。房地产金融创新活动的快速发展和过度繁荣也会导致房地产市场出现严重的泡沫，房地产市场负债不断增加。在不同的市场参与主体来看，不同投资者的预算约束、投资理念、投资需求等都存在明显的差异，因此房地产金融创新活动给不同的投资主体带来的效益风险特征和风险程度也不同。

提高社会效益和居民福利是房地产金融创新的重要功能。房地产金融创新活动在提高金融市场效率的同时，也产生了良好的社会效益，提高了民众的福利水平，可以为广大消费者提供多种新型的产品及金融服务，减轻购房者的购房压力，提高购房能力。住房抵押贷款的证券化，其中最为重要的功能就是降低产权人月偿付水平，减轻还款压力。以房地产资产为标的互联网金融创新产品实现了人们投资的多种渠道，更加便捷，根据风险承受能力推出更多差异化投资产品，更加灵活，真正实现了普惠金融，从而能够产生刺激民众消费和提高社会福利的作用。鉴于房地产金融创新承担着上述社会福利功能，许多国家政府都对房地产金融创新活动给予支持，特别是走进21世纪以后，各个国家在房地产行业的金融创新方面投入了很多资源，其规模和形式也在不断地变化。

三、金融创新理论对本研究的指导作用

金融创新理论对本研究深刻理解房地产资产管理出现的必要性，对风险进行专业化管理的需求有理论指导作用。房地产市场发展过程中不断积累的风险为创新活动提供了动力和机遇，受金融创新理论的启发，房地产资产管理活动也应以风险配置为核心业务，针对房地产市场发展阶段的特点来创造新的产品、新的管理模式。

（一）金融创新理论提高资金流动效率和金融市场效率的论述对本研究的指导作用

金融创新理论提高资金流动效率的论述为房地产金融创新理论与本研究中第三章第二节中的房地产资产管理的必要性奠定了理论基础。房地产的金融创新理论对房地产资产管理中提高资金流通效率、金融市场效率等方面起到了积极作用，金融创新理论提高金融市场效率的论述对本研究第三章第五节房地产资产管理运行机理提供理论指导。本章节运用提高金融市场效率的论述总结出房地产资产管理的运行机理。运用本论述对第四章第五节中我国房地产资产管理存在的问题和原因进行研究，找出问题及原因，并对解决问题做理论指导。运用金融创新理论中提高金融市场效率的论述对丰富房地产资产管理中的融资市场，建立多层次的投资市场，实现资产证券化，丰富人们对多样金融产品的诉求，给予本研究理论指导。

（二）金融创新理论具有风险转移功能的论述对本研究的指导作用

金融创新理论中关于风险转移功能的论述为本研究第三章第二节房地产资产管理的必要性和必然性的分析提供理论指导，金融创新的风险转移功能论述为第七章促进我国房地产资产管理发展对策建议中我国房地产资产管理发展指导了方向。对房地产金融创新活动的评价不能简单地以对个体的影响为基础进行判断，而是应该以能否有效降低整体的金融风险为判

断依据。发挥房地产金融创新在促进资金流通、提高居民住房福利等积极方面的作用，同时要防范过度扩大导致的泡沫风险。

（三）金融创新理论提高社会效益和居民福利的论述对本研究的指导作用

金融创新理论中对提高社会效益和居民福利的论述对本研究第三章第二节房地产资产管理的定义、必要性和必然性提供理论指导，金融创新是为房地产资产管理服务，资产管理的最终目的就是要提高房地产资产的效益，进而提高社会效益和居民服务。对第三章第五节房地产资产管理的运行机理和发展趋势提供理论指导，房地产资产管理运作机理中融资环节需要金融创新活动，随着房地产资产管理规模的不断扩大，人们对房地产资产的多样化需求增加，房地产资产的各种权利分化和整合（产权和使用权分离），金融创新要适应房地产资产管理的发展，但衡量金融创新的标准是能否提高社会效益和居民福利。在房地产资产管理发展趋势中向房地产资产管理与金融业深度融合，由地产类物权向地产类金融衍生品拓展，房地产资产的金融属性凸显这三个方向发展。对第七章第二节促进我国房地产资产管理发展对策建议中积极探索房地产资产管理金融创新提供理论指导，为我国发展房地产信托基金、推进商业地产资产证券化给予理论支持。

第三节　资产管理理论

同其他理论发展历程类似，资产管理理论的发展也是从无到有，从现象到逻辑，再从理论到实践的逐步完善的过程。最初的资产管理理论是在20世纪初提出的，随着资产管理实践活动和资产管理模式的不断创新，资产管理理论也不断推陈出新，解释力度不断提高。

一、资产管理理论概述

主流的资产管理理论包括资产组合理论，资本资产定价模型等。主流理论的基本理念是，市场在大多数情况下都是有效的，当前的市场价格已经充分反映了所有投资者能够获得的信息情况，市场价格的变化遵循随机游走的原则，价格的变化情况接近正态分布。主流理论指出，市场上的投资者都是理性人，如果两项投资的期望收益相同，但风险水平不同，此时投资方综合比较两个项目或产品，最终选择风险更低的一方，若两项投资活动面临的风险水平相同，那么投资者将会选择预期收益率更高的投资项目或产品。

分散化投资的方式可以降低投资的风险，因为不同的投资项目之间风险和收益的相关性并不完全一致，因此可以减低风险。主流理论提出的数量模型被广泛地应用于各类资产管理的实践活动当中，从20世纪中期开始，主流理论一直占据着资产管理理论的领导地位，成为指导资产管理实践活动的重要原则。但是主流理论是以一系列假设条件为基础的，而这些假设条件与现实还有部分差异，例如信息的不匹配问题成为阻碍有效市场运行的重要因素，主流理论有待完善。

二、资产管理理论与本研究相联系的核心内容

与本研究内容紧密联系的是资产管理理论中混沌理论和风险理论。混沌理论是对传统资产管理理论的新发展，这一理论否定了传统理论关于市场价格线性变动的观点，混沌理论指出，市场价格变动并不是一个完全线性过程，而是存在着很多临界点，而价格变动的临界点就构成了分形，也就是呈现出了非线性的特征。混沌现象起因于物体不断以某种规则复制前一阶段的运动状态，而产生无法预测的随机效果。所谓“差之毫厘，失之千里”正是此现象的最佳批注。具体而言，在容易发生变动的系统中常常会出现混沌现象，然而这种系统在运行的初期还比较稳定，但是经历了无

规律的变化之后，就会发生意想不到的后果，即所谓的混沌现象。这种现象和普通的复杂无规律状态不一样，其能够通过仔细分析和研究而寻找出变化的规律。

任何资产管理活动的核心都是对风险进行管理，风险理论在整个资产管理理论体系中占据着重要地位。风险理论不仅涉及风险的度量问题，更为重要的是根据对风险的判断和管理以及期望收益率来进行资产配置活动，一方面管理风险，另一方面将风险视为一种稀缺资源，通过对风险资源的管理来获得较高的期望收益率。风险理论用“方差”来度量资产的风险，比如用股票价格的波动率来衡量一支股票的风险。资本资产定价模型以及套期定价模型考察了如何根据风险水平来确定资产的价格，同时，各种收益风险比率，比如夏普比率、索狄罗比率、特瑞纳比率和信息比率等等，也以风险度量为基础，将资产的收益与风险度量结合起来，寻求收益与风险的平衡点。风险价值的概念是将资产的风险水平表示为一个具体的数值，风险值刻画了在某一段时间中，在一定的置信水平之下，一项投资可能产生的最大损失水平。风险价值的具体计算方法是将一项资产或者资产组合面临的各种市场风险加权后进行加总，但风险值难以给出资产产生损失的概率有多大。风险预算的核心是将风险管理人员的职责前移，由风险管理人员对整个资产组合的风险承受能力进行一定的预算，对各个资产的收益和风险进行评估，投资经理在做出决策时以风险预算为决策依据，在可承受的风险范围内选择最优的资产组合。

三、资产管理理论对本研究的指导作用

房地产资产管理是一个复杂的多环节的业务，存在很多不确定性，如何解决复杂的房地产资产管理系统问题，化解房地产系统风险，现代资产管理理论中的混沌理论和风险理论对本研究具有重要指导意义。

（一）资产管理理论中混沌理论对本研究的指导作用

本研究第三章第一节阐述了房地产资产管理的风险、第三节分析了影响房地产资产管理的主要因素。房地产开发、收购、管理本身就是典型的混沌体系，每个环节都会出现问题，即使初期的因素变化程度比较小，但是通过放大以后，也会对企业甚至整个行业造成巨大的影响。比如北京办公产品规划条件申报要求，仅最小分割单元不得低于500平方米一个条件，使得整个市场供给端发生了翻天覆地的变化。而资产收购处置方面，对资产收购策略、交易方式、交易流程、风险控制提出挑战，甚至业务模式都要随之发生变化，行业整体热度顿时受到巨大冲击，不论是房地产开发还是房地产资产管理公司发展策略与路径都要为了生存而不得不寻求新的路径。

（二）资产管理理论中风险理论对本研究的指导作用

风险理论和本研究第三章第二节房地产资产管理必要性和必然性及第五节运作机理中房地产资产定价、金融产品定价相关联。传统的资产管理理论阐明了预期收益与风险之间的关系，以及分散投资的作用，房地产资产管理属于资产管理中的一种特殊类型，其管理对象是有形的房地产资产，同样要面对风险与收益的权衡，通过提高对风险的管理水平来创造收益，建立恰当的风险防范机制，以此推动房地产资产管理的发展。

第四节　委托－代理理论

在最近的几十年里，经济学最重要的一个进展是信息经济学的蓬勃发展，信息经济学主要研究不完全信息或者经济人之间的信息不对称会怎样影响市场的产出。信息经济学的一个重要分支——委托－代理理论说明了委托人（企业的股东）和代理人（企业的管理者）之间的信息不对称会产生的后果。

一、委托－代理理论概述

委托－代理理论的核心是研究在非对称信息的条件下，代理人从委托人处得到相关授权，并在相关激励约束机制的作用之下展开活动，活动所带来的风险与产生的收益将由代理人与委托人共同承担与分享。从当前现代化的市场经济环境来看，投资方与企业决策层之间的关于利益与权责的关系是委托－代理关系的主要内容，这种特殊的关系可以广泛存在于各种组织或合作式的活动项目中。以股份制企业来看，所谓的委托－代理即企业股东、董事会等决策层通过聘请专业的经理人来开展相关的经营活动，为确保经理人所有的行动均以委托方的利益为追求，通常情况下决策层会制定相应的激励措施，以提升经理人的工作积极性，除此之外经理人还要受到决策层的监督。

传统形式的企业，企业所有者拥有企业全部的权利，该企业的所有收益与负债均由其享受与承担，企业具有单一的产权主体，所以传统形式下的企业并不具有委托－代理关系。同传统形式下的企业相比，如今现代企业无论在规模上还是在经营范围上均有了极大提升，企业的所有人数量也大幅增长，受管理人员与股东数量不断增加的影响，企业的经营活动与管理工作变得更加复杂与困难，而且对管理人员的要求也越来越高，企业所有者因为其专业知识的缺乏难以做到对企业的有效管理，因此需要聘用专业的经理人负责企业的各项经营管理工作，企业所有人的主要工作转变为监督经理人的各项行为，以及制定针对性的激励办法提升其工作积极性。由于委托人无法全面地了解代理人的所有信息与能力，同时难以做到对代理人的时刻监督，所以代理人有机会追求同委托人利益并不完全相符的目标，尽管如此，代理人能够获得比委托人更高的工作效率是产生委托－代理关系的主要原因，通过该关系能够取得经济学领域的“分工效益”和“规模效益”。

二、委托－代理理论与本研究相联系的核心内容

与本研究内容联系密切的是委托人和代理人行为规范理论和代理风险控制理论的论述。在信息不对称以及代理人与委托人双方存在利益冲突的前提下，如何通过契约的形式对代理人的自利与机会主义等行为进行约束，同时提升代理人的工作积极性是委托－代理理论的核心。实践显示当前的委托－代理机制尚不完善以至于出现了大量让委托人利益受损的行为，主要表现为四个方面：第一，追求目标不同。从委托人角度其核心追求为企业的最大增值与最高经营利润。从代理人的角度其追求是多元的，不仅包括年薪、奖金与津贴等货币收益，同时还有社会声望、职业安全以及更好的办公环境等非货币效用。代理人若追求非货币效用则必定会损害委托人的利益，若追求货币效用则与委托人的利益追求相同，所以要确立合适的刺激约束机制，以确保委托人与代理人具有相同的利益诉求。第二，信息不对称。一方面委托人很难获取代理人的道德、能力与日常行为等各个方面的精准信息，另一方面代理人能够掌握大量与企业经营有关的信息，并把它变成代理人的私人信息。所以委托人难以对代理人的利己行为以及工作的努力程度进行有效监督。第三，不完全契约。委托－代理的本质是一种特殊的契约关系，但是由于管理与经营等活动本身具有大量的不确定性，所以契约双方根本无法通过事前契约对所有的可能性进行约定。第四，责任的非对称性。委托人授权代理人负责企业的经营活动，代理人不需要承担亏损带来的任何后果而可以享受盈利带来的收益，这种情况下委托方将控制权交给了代理人却需要承担亏损导致的所有损失，这种风险与责任严重不对等的情况导致委托人对于代理人的制约能力大幅度下降。所以代理人为提升个人利益而选择损害委托方利益的行为即“代理问题”。如何使委托人和代理人行为规范，使代理人行为对委托人负责，并符合委托人要求这是企业发展中必须要解决的问题。

代理风险控制理论核心是指对于现代企业来说，只要存在委托－代理

关系，代理问题的出现就是难以克服的，任何性质、规模的现代股份制企业只能在进一步完善公司治理的基础上降低代理问题的严重程度，不能完全消除代理问题。因此，委托－代理理论并不致力于消除代理问题，而是致力构建一套既能够有效激励代理人为了实现委托人利益而努力工作，同时又能够有效约束代理人的不当行为的制度安排。构建激励和约束机制的根本目的是，激发代理人的责任感、进取和创造精神，同时减少经理人的各种不良行为，实现委托人的利益，在这一过程中实现“双赢”。激励机制，指的是委托人采用某种手段使代理人追求自身利益最大化的行为与企业利润最大化实现内在的一致，这类制度安排旨在调动代理人工作的积极性和创造性。采用的激励手段包括物质激励和非物质激励，具体而言，物质激励既可以基于企业的当期业绩表现，也可以基于企业长期实现的业绩，前者包括代理人获得的工资、奖金、在职消费等，后者包括认股权证、退休计划等。非物质激励手段包括在职权力、荣誉、目标导向等。约束机制本质上是一种无形的监督机制。委托人无法亲自对代理人的行为进行完全的监督，而是必须通过合同、协议的形式，使代理人为某些不当行为承担经济后果或法律责任。约束机制可以分为内部约束和外部约束，内部约束机制指的主要是企业完善的法人治理结构。外部约束机制则主要依靠企业外部的力量来约束经理人行为，比如竞争程度比较大的经理人市场、完善的资本市场以及竞争性的产品市场等。

三、委托－代理理论对本研究的指导作用

委托－代理理论的核心是研究在非对称信息的条件下，委托人对代理人进行授权，代理人在一定的激励约束机制的影响下进行活动，最终产生的收益和风险在委托人和代理人之间分享。房地产资产管理产业链更长，涉及的生产要素更多，同时兼具各个细分市场的整合功能，资产管理需要具有专业化知识的机构和个人来组织实施，而这是一般房地产资产持有者

不具备的。本研究从委托－代理理论中的委托人和代理人行为规范论述和代理风险控制两个方面对研究进行理论指导。

（一）委托－代理理论中委托人和代理人行为规范论述对本研究的指导作用

委托－代理理论中委托人和代理人行为规范论述对本研究中第四章我国房地产资产管理的现状及问题分析中的第四节存在的问题有指导作用，对第四章中房地产资产管理运行机理中投资退出环节有理论指导作用。对第六章新时代我国房地产资产管理目标模式的运行机理提供理论指导。委托－代理关系不仅在房地产资产管理业务中具有因委托－代理而提高效率的优势，同样也存在委托－代理信息不对称，不同主体存在着目标不一致的情况，导致道德风险等问题。

（二）委托－代理理论中代理风险控制理论论述对本研究的指导作用

风险控制理论在本研究第六章第四节我国房地产资产管理改革路径、第七章第三节努力提升房地产资产管理机构专业化水平中给予理论支持。随着房地产资产管理模式的不断创新、与金融创新的不断融合，导致委托人与代理人之间的信息不对称问题越发严重，这对监管的有效性提出了要求。在促进使用委托－代理提升资产管理能力的同时，必须同样重视委托－代理风险控制问题。该论述为委托－代理和代理风险控制提供了理论指导。

第五节　行为经济学理论

行为经济学的研究核心即市场主体的心理—市场反应—市场主体的心理之间相互作用，各种信息流通的过程，因而能够对人的反常行为进行合理阐释，为提高市场效率指明更行之有效的途径。

一、行为经济学理论概述

从内涵上来看，行为经济学是经济学的一个分支，主要分析投资者在做出决策时，会受到认知偏差以及各种心理因素的影响，进而导致市场有效性理论不再成立。行为经济学的出现是源于学者对现实世界的观察，将实践中的行为人看作具有感性因素的个人，所以行为经济研究又被其称作“思想开放式经济研究”。行为经济学是基于对人们心理的研究来分析投资决策问题，投资决策模型的构建是基于心理学的研究成果，将心理学中的设想置于行为经济学里。Fuller将行为经济学解释为：第一，行为经济学涵盖了旧有经济学理论以及心理学理论的综合理论；第二，行为经济学致力探寻产生异常市场活动的原因，并试图做出合理解释；第三，行为经济学是对行为人在进行行为时“心理过失”成因的研究，就是探究系统性认知不准确这一结果的成因。总而言之，行为经济学即以心理学的相关理论为根本对投资者产生的各种心理进行分析，根据分析结果探究投资者进行投资时的各种行为和行为对投资者进行资产价格确定作用的学科。

分析理论本身发现，行为经济学中前景理论主要分为：风险规避、风险偏好、损失规避、参照依赖四个结论。风险规避：人们面临条件相当的获得预期时更倾向于确定的收益；风险偏好：人们面临条件相当的损失预期前景时更倾向于冒险搏一搏；损失规避：人们对于相同的得失，对失去更敏感；参照依赖：人们看重财富的绝对值，更看重财富的变化量。

二、行为经济学理论与本研究相联系的核心内容

与本研究研究内容联系密切的是行为经济学理论中的羊群效应理论、损失厌恶和后悔心理理论、前景理论等三个内容。

羊群效应理论指的是，羊群效应即为具备偶然性的投资环境里，投资者的决策和行动并不孤立，而是受到别的投资者的决策以及外界舆论的作

用，进而导致自己没有自主决策，而只是选择跟随，因此表现出众多投资者的一致买入或者卖出的跟从行为。从房地产市场来看，信息不对称问题是导致“羊群效应”的重要因素。第一，房地产开发商是房地产市场上的供应方，这一方拥有巨大的信息库，涵盖房地产价格和质量信息，同时也更加了解房地产的走势，同时要拥有产品的垄断定价权。相反，普通购房者则是处于信息劣势的一方，正因为分散的主体拥有较少的信息，而获取信息又需要付出巨大的成本，因此人们往往选择观察别人的行为，同时在公开的媒体等途径获取信息，在这种情况下，房地产的需求方的行为出现了高度一致，因为其跟从行为以及信息来源渠道的一致性，导致群体一致行动的出现。

损失厌恶和后悔心理理论。在大多数情况下，人们都是风险、损失厌恶型行为主体，但是相比收益波动，同样程度的波动，人们对损失表现得往往更为敏感。在市场活动中，尤其是金融市场以及其他资产买卖中，人们一旦遭受到一定的损失之后，往往不愿意马上出售资产，相反，往往采取继续持有的策略，希望未来市场价格能够出现反转，进而获得收益，挽回损失。然而，现实情况往往是，一旦保守这种心态，随着时间的推移，损失程度更大，而损失程度随之升高，投资者就更不愿意出售资产。“后悔心理”的含义是，决策人知道已经做出的决策带来了亏损，是一种不正确的决策的时候，在心理上会备受折磨。在房地产市场中，为了不再犯同样的错误，投资者不会选择出售损失的房地产资产，原因是投资者在保有现有资产时能够形成未产生损失的自我欺骗心理。有后悔厌恶心理的投资者更倾向于风险较低的投资项目，投资导致一定的损失之后，会对新的投资保持高度谨慎状态，进而会更多地选择低风险投资项目。为了弥补损失导致的心理落差，投资者在投资时会选择和大多数投资者趋同，所以后悔厌恶心理也促使羊群效应的形成。

前景理论就是行为金融学中的一个模型，设想性地把风险决策步骤划为编辑和评价这两个步骤。编辑时，决策者根据“框架”（frame）、参照点（reference point）等数据完成信息的收集和加工；评价时，决策者通过价值函数（value function）和（主观概率）的权重函数（weighting function）等数据对信息进行评判。风险规避：人们面临条件相当的获得预期时更倾向于确定的收益；风险偏好：人们面临条件相当的损失预期前景时更倾向于冒险搏一搏；损失规避：人们对于相同的得失，对失去更敏感；参照依赖：人们看重财富的绝对值，更看重财富的变化量。前景理论是描述性而非指示性的理论——它旨在解释现象，而非分析怎样做决策才是最好的。利用前景理论可以通过风险与报酬的关系对房地产资产管理进行实证研究。

三、行为经济学理论对本研究的指导作用

行为经济学作为指导本研究的重要理论，在重点分析人对房地产资产管理活动中的实际决策行为及心理对市场交易活动、房地产资产价格产生的影响，分析房地产资产管理活动中市场上的各种问题提供理论指导。

（一）羊群效应理论对本研究的指导作用

羊群效应理论为第三章房地产资产管理的一般研究中第一节中的房地产资产资产形成和发展提供理论指导。房地产作为一种大众化的投资品，其价格波动深受投资者——购房者心理的影响，房地产泡沫的出现就是“从众心理”的集中体现。而当房地产市场的风险越来越凸显时，损失厌恶心理又会开始发挥作用，此时房地产资产持有者会寻求降低风险的方法，而资产管理显然可以承担这一功能。在房价上涨时，投资者在“羊群效应”作用下造成泡沫。一旦泡沫破裂，恐慌情绪蔓延，造成资产价格暴跌，发生房地产危机。

（二）损失厌恶和后悔理论对本研究的指导作用

损失厌恶和后悔理论对研究中第三章房地产资产管理的一般研究中第一节中供求关系失衡导致库存风险提供理论指导。当供大于求时，房地产

商应该降价刺激需求量，由于损失厌恶和后悔心理，不能接受降价，宁可库存，造成了库存风险。一旦失去信心时惧怕更大的损失，而出现不惜成本折价出让的状态，在第三章运行机理的投资部分，本理论为房地产资产管理的投资阶段提供理论指导。

（三）前景理论对本研究的指导作用

前景理论为本研究中第三章房地产资产管理一般研究中的第五节中运行机理中投资房地产资产投资环节和管理环节提供了理论指导。为收购和出售房地产资产时商务洽谈和定价中前景理论给予理论指导。

在房地产资产管理中行为金融学有三个应用场景：

1. 地产资产出现不良状态时，房地产资产产权人面临两个选择：一个是继续投入，有可能会获得成功，也有可能会失败。另一个是直接出售获得少量的确定收益。大部分房地产资产权利人会选择少量的确定的收益。这可以用行为金融学前景理论的风险规避来解释。图 2–1 中获得和损失同样客观价值的 $（A）=$（B），对于人们感觉的主观价值 V$（A）> V$（B）。同样的获得和损失，主观上感觉损失更痛苦。人们害怕失去。

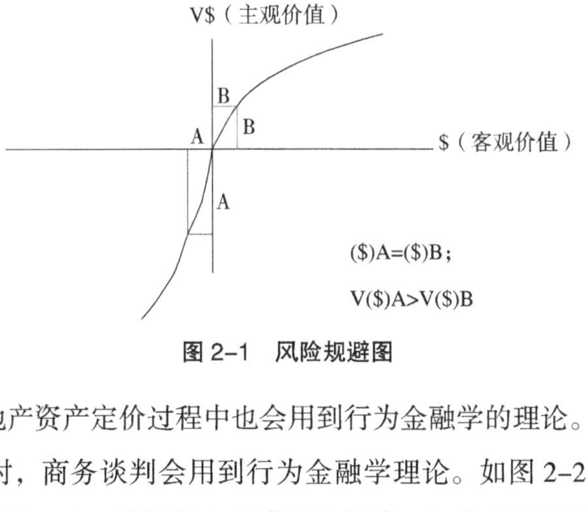

图 2–1　风险规避图

2. 在房地产资产定价过程中也会用到行为金融学的理论。当产权人准备出让资产时，商务谈判会用到行为金融学理论。如图 2–2 所示，横轴左侧每个单位为 50$。纵轴是主观感受的价值。如果分两次让产权人各让

50$ 和 100$ 所带来的痛苦之和大于一次性让产权人折价 150$ 的痛苦。在实际应用中不良房地产资产一次大的折价比多次小的折价成功率高很多，利润也丰厚。

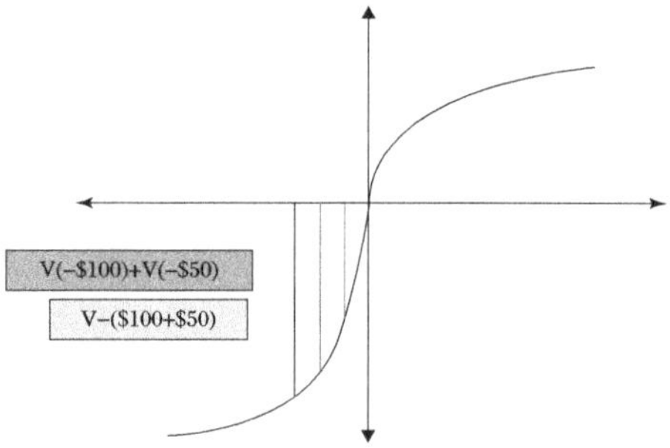

图 2-2　损失比较图

3. 在房地产资产管理价值提升过程中，进行房地产销售时也会用到行为金融学理论。客户两次获得的产品客观价值之和大于一次支付的费用获得的客观价值。客户愿意承担为提供的多种产品组合形成较高价格的费用，在本研究运行机理中投资环节和第四章第四节实例分析中前景理论部分三个应用场景论述得到了实际应用。

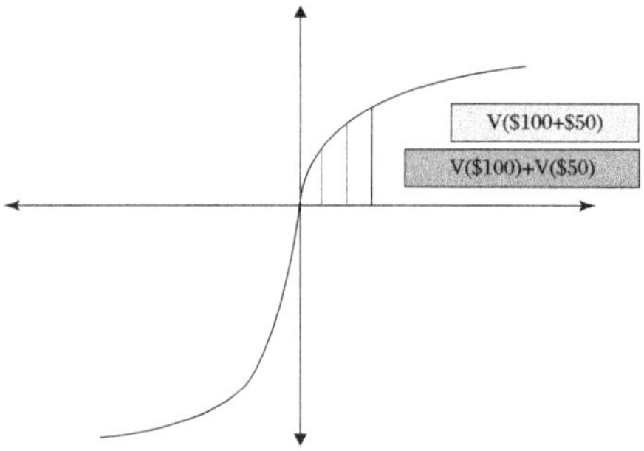

图 2-3　获得比较图

第三章　房地产资产管理的一般研究

这一部分对房地产资产管理进展的普遍现象分析会从房地产资产的产生和发展，房地产资产管理的定义、必要性和必然性，对房地产资产管理产生作用的因素和房地产资产管理的种类，运作机理、和未来发展趋势等七个方面来进行论述。

第一节从房地产资产形成和发展及发展产生的风险和后果介绍房地产资产的产生和发展；第二节将主要分析房地产资产管理的定义及理论依据；第二节从房地产管理的功能和作用来论述房地产资产管理的主要因素，从房地产资产管理作为房地产的重要构件和房地产市场成熟的重要标准论述房地产资产管理的必然性；第三节从影响房地产资产管理四个主要因素论述各个因素对房地产资产管理的影响；第五节分析了以增量为主型、存量为主型、增量和存量平衡型的房地产资产管理的三种类型；第六节从融资、投资、管理、退出四个阶段分析房地产资产管理的运作机制；第七节分析房地产资产管理和金融业融合、互联网智能化融合、全要素融合的发展趋势。

第一节　房地产资产形成和发展

自 1978 年改革开放至今，我国房地产业从无到有，从小到大，从国民经济中的从属产业发展到主导产业之一，尤其在 1998 年住房改革推行之后，房地产业开始进入快速发展通道。

2008 年爆发于美国的次贷危机给全球经济发展带来了重要影响，而房地产业则成为我国在危机期间的支柱性行业，不仅带动了钢铁、家电、建材等上下游行业的发展，同时还稳定了就业局面，为我国经济在金融危机之后的迅速恢复提供了重要支撑。但是房地产行业的快速发展背后也隐藏着大量问题和危机。今天，世界主要经济体的增长前景依然不明朗，同时我国国内经济也进入中速增长阶段，房地产行业的过快增长、房价的快速增长的趋势逐步被各种调控政策打破。但是虽然历经多次调控，房价仍然居高不下，过高的房价已经成为一项社会高度关注的民生问题。加之长期保持在 0.4 以上的基尼系数，中低收入群体的购房能力越来越小，尤其是高房价是城市创新力的巨大障碍，对我国经济转型也带来了挑战。

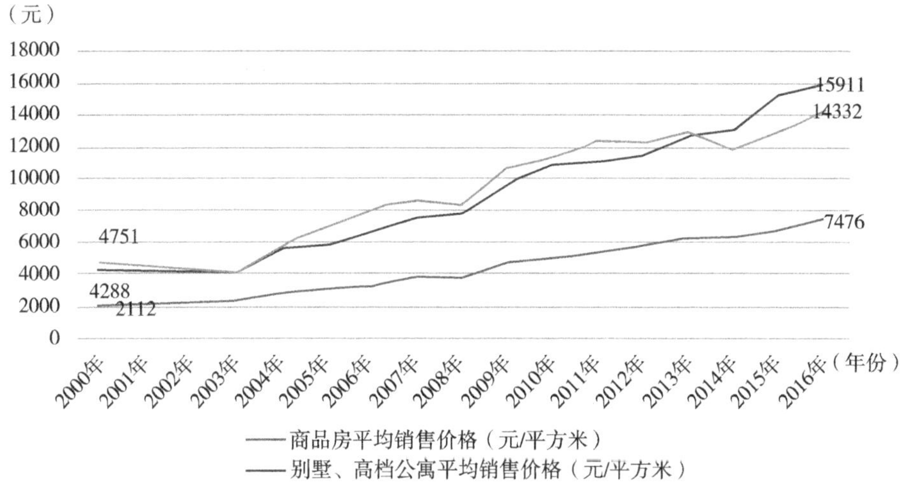

图 3-1　2000—2016 年房地产价格走势

表 3-1　2000—2016 年各类地产平均价格（元 / 平方米）

年份	商品房	住宅商品房	别墅	办公楼商品房	商业营业用房
2000 年	2112	1948	4288	4751	3260
2001 年	2170	2017	4348	4588	3274
2002 年	2250	2092	4154	4336	3489
2003 年	2359	2197	4145	4196	3675
2004 年	2778	2608	5576	5744	3884

续表

年份	商品房	住宅商品房	别墅	办公楼商品房	商业营业用房
2005 年	3168	2937	5834	6923	5022
2006 年	3367	3119	6585	8053	5247
2007 年	3864	3645	7471	8667	5774
2008 年	3800	3576	7801	8378	5886
2009 年	4681	4459	9662	10608	6871
2010 年	5032	4725	10934	11406	7747
2011 年	5357	4993	10994	12327	8488
2012 年	5791	5430	11460	12306	9021
2013 年	6237	5850	12591	12997	9777
2014 年	6324	5933	12965	11826	9817
2015 年	6793	6473	15157	12914	9566
2016 年	7476	7203	15911	14332	9786

资料来源：国家统计局。

一、房地产资产产生与发展

各国发展经验已表明，决定房地产市场总体走势的经济和社会因素包括一国经济增长的整体水平、城镇化进程、人口总量和结构、人均收入水平等因素。

（一）市场经济快速发展促进房地产资产市场发展

最近几年，房地产行业在全球范围内蓬勃发展，世界各国的经济学家都开始以经济增长为切入点进行房价升高原因的探寻工作，将经济增长视为房价升高的成因之一（Collyns，et al.，2002），其他的看法是，经济在较长时间段内的提升决定了房价的升高（林毅夫等，2003）。但是，虽然房地产周期和经济周期不具备高度统一的一致性，但是经济周期处于升高阶段时，消费水平和投资水平的升高一定会导致房地产周期进入升高阶段。（IMF，2002）。所以经济水平的升高是房价升高的基础。

（二）城市化水平迅速提高促进房地产资产发展

城镇人口的不断增加必然导致房地产需求的增加。近年来，农村人口不断向城镇迁移，给予了房地产广阔的市场空间，市场需求处于较高水平，房价因此升高，在城市化的过程中，财富向房地产转移是一个必然的过程。

进入20世纪以来，中国的城市化进程开始加速，2000年到2016年，中国城镇居民共增多了3.6亿人[①]。很多人都向城市迁移，国民生活水平显著提高，国家经济水平也飞速上升。像北京、上海这种发展很快的城市，房价居高不下，而且逐年增高，二线城市的房价自2016年之后也有上涨，然而发展状况不好的城市，房价甚至有所下降，在2017年上半年才有房价升高的现象。伴随着经济发展，大城市与中小城市间配套逐步趋同，中小城市房地产资产也被迅速拉升起来，房地产资产整体迅速增长。

（三）储蓄过剩导致房地产资产需求增加，促进房地产资产发展

储蓄率的提高引发伯南克谈到的“储蓄过剩”问题。高储蓄率创造了增值保值的资产投资需求。因为资本管制限制了海外投资的能力和银行的非竞争上限存款利率，使得房地产投资成为中国家庭为数不多的资产投资选择。因此，推动高储蓄的力量也推动了更高的住房需求。这些力量可能是文化传统、人口老龄化、收入不平等，或来自就业不确定性和不完全社会保障制度的预防性储蓄。

（四）人口红利优势促进房地产资产发展

处于人口红利时期，房地产以满足人们刚需为主，房地产资产需求旺盛。随着人口红利的逐渐消失，房地产资产也慢慢趋于饱和，人们对房

---

① http://www.sohu.com/a/203834157_273808

地产资产的偏好也随之发生变化——房子不仅是单一居住的功能，还要满足人们多样化的需求，比如书房、家庭影音、朋友聚会等，赋予房屋更多功能和舒适性上的要求，至此人们对房地产资产品质生活要求开始明显提升。

回顾房价上涨的历史，我们可以发现经济增长速度是影响房地产市场发展的关键因素。1978 年，十一届三中全会拉开了我国经济改革的序幕，此后，经济起飞，人均收入增加，此时房价开始上涨，但是涨幅很小，房地产投资也处于平稳水平。经济增长的很重要的一个因素是人口红利优势，社会中劳动年龄人口占总人口比重较大，人口结构呈金字塔型，社会负担较轻，人们获得大部分收入花费较小，储蓄增多，国家呈现高储蓄，高投资，快速增长的局面，同时人口增加使竞争加剧，使劳动者不得不提高生产效率，进而促进经济增长，影响房地产市场发展。

二、房地产资产发展产生的风险和后果

上文中导致房地产市场繁荣的影响因素正在或者已经发生了重大变化，比如自 2008 年以来，中国经济增长率逐渐从两位数下降到一位数，从“保 7”到可以接受更低的增长率，这将导致房地产市场的发展变缓。人口众多带来的巨大市场不断缩减，房地产市场的长周期拐点也逐渐到来。因此，在经历了快速发展之后，房地产行业中积累的风险也逐渐暴露出来。

（一）房地产价格泡沫风险

房地产的风险来源于房价在其“实际价值”左右的波动。房地产价格远高于其“实际价值”时，就会产生严重房地产泡沫。因为房地产经济并没有实体经济作为依托，后备资金不足或者其他的冲击都会导致泡沫破裂，房地产资产价格迅速降低，房地产市场受到巨大打击。

房地产泡沫产生和持续过程中，房价会持续攀升，消费者在“从众心

理”的影响下，会购买房产，巨大数额的资金会迅速参与房地产市场，当房地产泡沫受到冲击被戳破，房地产行业的发展势必受到阻碍，而且会对整个产业链和社会投资架构产生负面影响。尤其是对金融体系带来不利影响，当房价降低到一定程度时，银行之前发放的购房贷款全额回收的概率会大大降低，并影响那些向开发商和房主集中发放贷款的银行和金融机构的发展和生存。所以及时戳破房地产泡沫，一定要防止金融市场的稳定性受到影响。

（二）供求关系失衡导致库存风险

2015 年 12 月 3 日，中国社会科学院财经战略研究院发表《中国住房报告（2015—2016）》。报告认为，房地产市场在 2015 年的住房形势和预期并不相符。表现为，投资不断减少，对国民经济的增长的贡献并不多，同时住房资源的供给量过高，库存积压严重，商品房未售出的库存量达到了 21 亿平方米，将这些商品房卖出就需要 23 到 24 个月。并且住房市场已经呈现出“结构性过剩”时代的典型特点，供需结构并不相符，一线城市供小于求而三四线城市住房的供给量远大于需求量。

较高的库存将对房地产价格形成较大的下行压力，从房地产持续稳定的方向来看，房价只有持平或者小范围内变动才有助于宏观经济的稳定发展。但是现在一、二线城市的房价暴涨以及三、四线城市住房量过高等现象，均需要防范。

（三）房地产资产过度投机导致实体行业恶化的风险

目前我国的经济形势陷入了实体经济发展缓慢，但是虚拟经济增长过快的两难境地。中国经济已经步入了新阶段，实体经济产量过多，而且收益率不高的问题愈加明显。我国实体经济在 GDP 总值中占比不断降低，由 2011 年的 71.50% 降至 2015 年的 66.10%。同时，中央要求减少库存，各地区相应政策放宽了对购买住房的要求，导致房地产经济反常增长，消费者盲目地购买住房。2016 年 7 月的信贷资金去向表明，绝大部分的信贷资金的去向都是房地产行业。房地产行业具有很高的收益率，因此很多实体经济部门选择投资房地产行业，占用了实体经济的发展资金。资本的“脱实向虚”对房地产泡沫产生冲击，也阻碍了实体经济的发展。就目前来说，我国实体经济的发展水平和创新能力远远落后于发达国家。

第二节　房地产资产管理的必要性和必然性

一、房地产资产管理的定义及理论依据

（一）房地产资产管理的定义

资产管理业务即资产管理者根据合同的要求，成为资产持有者的委托者，以约定的方式、条件、要求及限制，将客户资产投资于房地产、股权投资、固定收益产品、基金和衍生品等产品，为客户提供组合管理、信息咨询、收益分配等相关服务，以实现资产保值增值等特定目的的金融活动。

房地产资产管理是指资产所有人自行或委托专业机构对自有或购买的房地产资产进行系统化投资、管理，以实现房地产资产的增值保值，从而使房地产资产相关方综合收益最大化的目的行为。

狭义的资产管理有物业管理、设施管理、财务管理和运营管理。广义的资产管理是对房地产资产项目资金募集，项目投资，项目管理，项目退出全流程的管理。房地产资产管理对调节房地产周期，防范金融风险，提高资金和资源的有效利用等都具有重要作用。一些人认为资产管理仅仅只是负责招商代理和物业管理工作，缺乏对资产短期及长远的营运需求和状况配合市场做出恰当的判断，进而影响资产的真正价值，这是一个极大的误区。

（二）房地产资产管理定义的理论依据

1. 产权的界定、变更和维持，其实是产权制度的建立或确认、产权制度的变革和维护降低交易费用就是降低制度的运行费用，从而提高资源配置的效率。

2. 效用理论：有理性的消费者如何把他们有限的资源分配在能给他们带来最大满足的商品上。

3. 市场经济：是指通过市场配置社会资源的经济形式。

4. 风险定价：风险定价即对具有风险的资产进行定价，表明了资产具有的风险和收益之间的关系。建立风险定价体系需考虑经营成本、目标利润率、资金供求关系、市场利率水平、客户风险等因素。

5. 行为经济学：在房地产不良资产管理处置中，卖方更愿意一次性折价处置资产，而不再愿意分批投入，将房地产资产价值提升起来。同样买方更愿意一次性付更高的价格来购买已经价值提升的产品。

二、房地产资产管理的必要性

（一）房地产资产管理的功能

1. 对房地产资产进行正常物业管理功能

著名的房地产顾问公司——第一太平戴维斯公司在 2016 年发布了题为《私人财富 · 全球之旅》的报告，报告中披露的数据表明，2015 年，全球各国房地产的总市值达到了 217 万亿美元，房地产价值占主流资产的比重超过了 60%。根据第一太平戴维斯的估计，截至 2016 年 8 月，中国房地产总市值大约为 270 万亿人民币，这一数字是 2015 年中国 GDP 的四倍。

自房地产市场化改革以来，房地产增量市场在整个房地产市场中占据了绝对龙头的地位，存量市场的发展则相对滞后，在整个市场中处于弱势地位，这突出体现在二手房交易占房地产总量的较低比例上。以美国为例，二手房交易与新房交易的比重约为 3.22：1，而我国二手房交易与新房交易的比重绝大部分都小于 1，实际上，房地产市场的发展程度越高，市场交易中存量交易的比重越高。从这一角度来看，随着我国房地产行业逐步走向成熟，存量市场将成为中国房地产市场中的主导力量，同时带来了存量房地产资产管理的物业服务需求。

因此，身处如此庞大市场规模的行业，房地产资产管理对存量甚至增量房屋进行正常、常规甚至变革的物业管理，提供如同保姆式、管家式的标准化物业管理服务具有必要的支持与帮助。

2. 对房地产不良资产进行管理的功能

据统计，中国有近半数工业、商业企业的生产能力利用率在 60% 以下，仅四家国有商业银行就还存有近 20000 亿的金融不良资产；并且，随着中国经济建设速度的加快，市场上金融不良资产的存量仍每年以 12% 的速度递增，远高于国民经济的发展速度。这些现象背后隐藏的是经济体制改革滞后和产业结构的深层次矛盾。因此，存量资产是经济体制转轨产业结构调整的结果，激活存量资产、盘活不良资产是实现新经济体和产业结构调整目标的基础和前提。

房地产资产管理如同房地产医生，将“生病”的资产——不良资产进行诊治、确定病因、出具治疗意见和建议，预判可能出现的问题，制定治疗方案和风控机制，逐步将不良资产彻底盘活。为了将其盘活，可能会使用金融、地产、营销、物业、运营、法律等全方位、多元素手段，是有别于传统房地产开发、纯金融机构，以资源整合为优势的管理方式。

房地产资产管理对不良资产进行处理最普遍的方法是处置和重组。房地产资产管理公司根据资产最初的购入价格进行一定的资产减值购买不良房地产资产的业务就是收购处置类业务，管理公司会对收购的资产进行分类，提高资产的价格。转手卖出或者利用其他途径进行资金回笼，售出和收购之间的差价就是公司获益。管理公司对不良房产的处置方式有阶段性经营、资产重组、单户转让、打包转让、债务人折扣清偿、破产清算、本息清收、诉讼追偿、以物抵债、债务重组多种途径。

房地产资产管理公司根据不良资产可能带来的风险相对应地决定实施债务或者资产重组的方式，和债务人签订重组的合同称为收购重组类业务。这类业务的合作对象流动性存在困境的企业，根据企业特点进行重组方案的制定，在低风险的基础之上将资产的潜在价值最大限度地发挥。

传统的资产管理公司主要是对房地产资产管理业务当中的信贷和风险进行处理，也可能扮演着投资者、中间人的角色，脱离于房地产资产的处理过程。但是房地产资产处置的业务，一般都是和资产管理公司合作而且具备房地产专业经验的公司操作。

3. 对于存量的房地产进行投资、需求管理的功能

早在 20 世纪 90 年代就有机构调查发现，业主对房地产最不满意的就是物业，没有服务甚至没有基本管理。而在当时，内地高速发展的房地产行业以及长期以来积累下来的居住需求一经释放，形成了一边倒的卖方市场，大部分房地产开发商都还没来得及考虑物业管理问题，房子就被卖空了。加之，从前几乎没有房地产开发商在拿地时就有物业介入的要求，使得房地产开发同物业管理成为独立的两个行业，仅体现在产业链的上下游，而没有融会贯通。因此，大量存量房甚至部分增量房出现设计不合理，后期物业维修困难，物业服务不到位，管理类缺失等问题。

房地产资产管理根据存量房实际情况进行研究调查，寻找资产核心问题，进行二次升级改造再投资，最大限度满足业主新时代的居住需求。像房地产整容师一样，在外观、功能、居住条件、配套设施等方面提供更加合理、人性化的服务。

4. 对于增量房地产进行全要素管理的投资管理的功能

房地产资产管理提供的是系统性、全方位的管理，是从房地产拿地开发到后期物业运营管理综合性、一条龙式服务。因此，在整合行业各个资源，各产业链环节完备的情况下，可进行房地产全面的投资管理。由于懂得房地产金融、市场、运营、物业服务，房地产资产管理凭借系统性、连贯性

优势，可以参与、合作甚至独立开发房地产项目，其产品可能更适合市场，同时避免各种可能的风险，避免成为不良资产，对资产进行全要素管理。

通过对房地产资产项目的投资分析、综合性商业分析调研、专题商业规划、项目的开发与再开发、招商管理、运营管理、消费者市场推广管理等，使资产得到稳定持续的增值。房地产资产管理公司凭借在房地产资产运营管理领域的丰富经验及巨大影响力，积极参与房地产资产项目资本运作，参与投资部分房地产资产项目的前期规划与开发，改造拥有发展潜力、但因经营不善而陷入困局的房地产资产项目，重新规划设计，挖掘并提升项目的价值空间，最大化实现房地产资产价值，为房地产资产投资获得最大回报。推动社会经济的繁荣发展与人民生活水平的不断提升。

（二）房地产资产管理的作用

1. 对资产的保值增值的作用

经济形势的波动，使人们对外来收入增长的预期转变为现有资产的保值增值上，而房地产是人们最主要的资产成分。保值增值既有联系又有差别，保值是基础，增值是目标。在房地产市场，一、二线城市房地产保值风险小，增值风险大，因为受政策影响大于市场因素；而三、四五线城市，保值风险大，增值风险更大，因为政策、市场影响都很大，且市场因素大于政策因素。

为了实现房地产资产的保值增值，在不同城市有不同的策略，而策略依据则来自政策和市场需求。房地产资产管理可根据市场情况，在需求大于供给的城市以增量房开发为主，存量为辅；而在市场饱和的城市，以存量房改善为主，不再继续提供增量房，可进可退，规避盲目拿地开发或过度使用金融手段谋取利益的不良发展，实现以房地产资产真正保值增值为目标的理性规划。

目前中国城镇房地产存量市场规模已经超过 200 万亿人民币，这为房地产资产管理行业提供了广阔的发展空间和利润空间。根据中金证券的有关预测，到2020年，我国存量房交易占新房成交的比重将提高到70%。从理论上讲，对于每一个房地产资产项目来说，都存在着保值增值的需求，也具有一定的利润空间，房地产资产管理活动的核心就是对资产增值利润进行评估，同时谨慎选择资产管理项目。

2. 提高流动性、防范风险、化解社会矛盾起到地产的平衡器的作用

房地产分为三级市场，一级市场是具有国家垄断性质的，主要体现在国家作为土地所有者，将土地使用权转让进行市场化，这是政府和经营者、使用者之间的利益需要。二级市场具有经营性质，以发掘价值作为基本，价格从经营到使用逐步升高，这是经营者和消费者之间的交易行为；三级市场具有消费性质，在调剂需求条件下，使用者、经营者以效用为价值尺度的市场价格进行平等交换，是使用者之间的交易行为，也是房地产流动性相对最集中的体现。

房地产资产管理将优良资产进行价值挖掘、重塑与提升，对不良资产进行处置盘活，从而大幅提高房地产资产流动性，甚至可能在不远的将来，将房地产赋予金融的属性，实现资产证券化。此外，上述提到房地产资产管理兼具提供市场增量房与改进存量房两种不同性质的管理功能，因此，房地产资产管理在进行业务发展时，会更加侧重政策与市场风险，择优选择城市、资产目标、处置方式和金融手段，在防范风险的同时，因地制宜、以人为本，化解因房地产资产产生的社会矛盾，如烂尾、债务纠纷、手续不齐等，是房地产健康发展的有益补充，是行业发展的平衡器。

3. 满足符合人们新时代的房地产资产需求，促进经营模式可持续发展的作用

一般房地产开发项目需要2~3年，甚至3~5年时间。随着城市更新的速度不断加快，随着房龄的不断增长，房地产项目当初的产品规划、定位与设计已无法满足当前市场的需求，使用效率下降，销售速度放缓，资金长期占用无法变现，流动性放缓。随着时间的推移，项目价值逐年递减。

传统的一般开发商企业擅长开发而非运营，变通性相对较差，面对这

种情况，靠其自发性无法改变现状。而房地产资产管理公司由于具备运营管理的能力，同时与时俱进，具备将这类过时产品进行重新定位和改造，实现价值重塑，例如废弃工厂改为文化创意园，在不改变土地性质和相关手续的基础上，赋予新的生命，通过运营提升产品价值，后期有利于资产的变现和流动性的提高。

房地产资产管理活动的目标是已经建成的房地产存量资产，针对存量进行资产增值和管理活动。只要有存量房地产资产的存在，房地产资产管理的供给和需求就会存在，在不同的宏观经济背景下，房地产资产管理活动的区别主要是项目选择和利润的大小的差异，但是并不是说在宏观经济不景气时就没有市场空间。经营模式可持续是房地产资产管理活动与传统房地产开发的关键区别。

4. 满足人们的差异化需求，全面整合全要素，提升综合效率的作用

房地产资产管理是以市场需求为基础进行的一系列投资管理行为，因此在选择市场进行项目投资时，以满足人们的差异化需求为核心，通过全面整合产业链各个环节全要素，提升项目产品综合效率。

对于更擅长开发而非运营、物业管理的开发商而言，房地产资产管理可为其在资金、销售、运营、物业等方面提供服务，集中化、放大化开发商优势，迅速补充完整产业链的同时，使各个环节效率更高。在形成标准化服务的体系后，可以不断复制，在各个环节形成连锁机构加盟，塑造品牌并进行品牌的管理输出。

三、房地产资产管理的必然性

（一）房地产资产发展与管理是房地产行业主要组成部分

1. 房地产资产管理贯穿房地产行业发展整个过程

房地产资产随着城市化进程的不断发展，数量和速度也是不断变化的。以居住人口对房屋资产需求为基础，随着一个地方人口的变化，房地

产资产呈现从无到有，从增量到存量的变化过程。当房屋供给小于市场人口需求时，是增量的集中体现；随着市场供给的不断提高，逐渐趋于饱和，房地产资产开始由增量为主转变为存量为主。资产管理从开发至后期物业管理、运营管理贯穿整个过程，是打造房地产开发的最强补充，从而形成房地产主要组成部分。

2. 房地产资产管理处置不良资产是化解房地产风险的重要手段，是房地产业发展过程中重要组成部分

房地产开发作为一种投资，既可能带来收益也可能带来损失。房地产投资金额巨大、周期长、不确定因素多，其风险也是多样而复杂，如政策风险、利率风险、通货膨胀风险、市场周期风险、市场供求风险、变现风险等。任何一种风险的出现，如果处理不当都会造成巨大损失，甚至成为不良资产。房地产资产管理是应对、解决各种风险的手段。由于其是以全要素为优势存在的，所以灵活性更为突出，是房地产发展过程中，特别是处理不良资产的主要手段。

3. 存量的更新，不可避免，需要资产管理强有力的推动力

房地产资产管理活动的目标是已经建成的房地产存量资产，针对存量进行资产增值和管理活动。只要有存量房地产资产的存在，房地产资产管理的供给和需求就会存在，在不同的宏观经济背景下，房地产资产管理活动的区别主要是项目选择和利润的大小的差异，但是并不是说在宏观经济不景气时就没有市场空间。经营模式可持续是房地产资产管理活动与传统房地产开发的关键区别。

房地产项目一旦交房后，房地产开发商的职责基本也就履行完毕了。后期的物业管理大部分交由其他公司或开发商集团下属物业管理部门。这些部门主要是解决业主在后期居住时产生的各种问题。这些问题大部分是居住过程中出现的细节问题。而由于建筑结构产生的设计问题，是物业无法解决的。随着时间的推移，原本的设计已不符合当下居住需求，原开发商也已完成房屋交付，后续的改善与之无关。因此，存量房的更新迭代是

未来市场主要的痛点和诉求，是房地产资产管理存在必要性的有力因素。

4. 房地产行业的发展，需要更多行业的融合，需要资产管理行业参与

随着城市化进程和人们日益高涨的物质生活需求，传统的生活要求已经无法满足，互联网时代的到来，给人们生活提供了更多想象空间，给人们带来更多便捷。未来，房地产开发也需要融入更多类似互联网技术手段，需要更多行业的融合，需要房地产资产管理来整合更多资源参与房地产行业的发展中。

（二）房地产资产管理完善是房地产行业成熟的重要标志

1. 存量市场管理是增量的成熟阶段

房地产行业正从增量房时代加速向存量房时代过渡。房地产行业的发展已经从以增量为主房地产开发业务向以提升房地产资产价值为主的房地产资产管理转移。房地产资产管理是房地产成熟的重要标准。根据易居房地产研究院发布的《2014年新建商品住宅库存报告年终版》，其监测的35个城市新建商品住宅库存总量为28124万平方米，同比增长15.4%。而根据全球知名房地产咨询及服务公司第一太平戴维斯数据显示，中国城镇地产资产总储量超过了400亿平方米，住宅占63%，工业和商业占据的资产总量只有24%，其他的大概有12%被公共房地产占用。按照估计，在未来的5到15年间，中国房地产资产的存量与增量还将集中放量。到2020年还将新增300亿平方米建筑。随着房地产行业高歌猛进时代的结束，结构性问题逐步解决的大背景下，增量房规模逐年下降而存量房逐步上升的趋势将日趋明显。

2. 掌握房地产风险规律，能规避风险是成熟标志

房地产是周期之母，通常呈现明显的周期属性，时间跨度短的3年，长的动辄20年左右。房地产周期与政策调控密不可分，是政策调控产生的需求波动。因此，要掌握房地产风险规律，就是掌握房地产周期，就要了解政策调控的内因：源于房地产的双刃剑作用，一边拉动经济财政，一

边紧连民生问题。

从正向看，房地产投资对经济具有明显的拉动作用。从直接拉动看，房地产投资在通常占投资比重较高，不论是固定资产投资还是资本形成总额，房地产投资占比均具有举足轻重的地位，与 GDP 增速具有非常强的相关性，在一定程度上成为国家经济增长的“稳定器”。从带动作用看，房地产产业链牵涉行业众多，对其他行业具有较强的带动作用，是典型的长周期、长产业链、资金密集的周期性行业。土地出让金、房地产税收对地方财政非常重要，土地出让金不仅是地方政府收入的重要来源，也是地方政府融资的担保工具。即使分税制改革后，房地产相关税收收入仍被保留为地方税收，使得地方政府在税收上更加依赖房地产。

从反向看，房地产关系民生风险，影响实体经济。如果房价增长过快，贫富差距分化上升，“马太效应”逐渐凸显，社会结构会逐渐远离健康的状态，可能会向“金字塔型社会”甚至“哑铃型社会”发展。房地产与金融体系紧密相关，房价涨跌关乎到金融风险。

房地产双刃剑引发政策周期，政策周期催生房地产周期。掌握房地产和政策周期是探寻房地产风险规律的基础。随着房地产和政策周期不断规律化，房地产风险规律自然形成，房地产管理通过对规律的研究，制定合理的风险规避策略和方法应对房地产风险，是房地产成熟的标志。

3. 对存量资产从满足人们基本需要，到差异化，舒适、品质生活是房地产成熟的标志

房地产开发是为满足人们基本居住需求而产生的，是房地产增量的创造者。在近 20 年人口红利、城镇化进程的背景下，房地产市场潜在需求虽然非常旺盛，但人口红利的衰退与城镇化不断减速，房地产市场潜在需求不断回落。人们购房的初衷从刚需转变为改善，对房屋功能的多样性、差异性、舒适性及品质都有了新的诉求。人们不仅是“有房住”，而是“有住房”。房地产资产管理针对存量房的价值再造、增量房全新功能的创新提供了大量服务，是房地产成熟时的市场产物，是房地产市场成熟的标志。

4. 房地产带动相关行业，使房地产资产使用效率提高，金融及相关行业风险降低，交易成本降低是房地产成熟的标志之一

房地产属于长产业链行业，包括拿地、规划设计、施工、营销等诸多环节，与钢铁、建筑、建材、机械、家电、装饰装修、银行等有着紧密的联系。因此房地产行业发展所拉动的经济增长甚至超过房地产本身。房地产资产管理借助互联网、跨行业合作等方式，提高房地产资产使用效率，在一定程度上会拉动相关细分行业的生产效率、使用效率，效率的提升除了经济价值的提升，更重要的是成本的降低。对银行等提供资金支持的金融机构而言，效率提升、成本降低、资金快速回笼，是金融行业风险的降低，交易成本也随之下降。这是房地产成熟标志之一。

第三节　影响房地产资产管理的主要因素

外部环境包括经济因素、社会因素、技术因素、政治因素，这些因素之间相互影响、相互作用。首先，经济的不断发展、社会要素中人口红利是房地产资产管理迅速发展的基础，房地产资产的规模不断增加，并对房地产资产管理提出了需求。房地产资产管理活动反过来又促进了经济效率的提升，同时对人口流动、收入分配、消费结构、生活方式、价值观等因素也具有重要影响。其次，技术要素和政治要素符合房地产资产管理要求时，房地产资产管理迅速发展，进而推动技术进步和政治改革。当技术要素和政治要素不符合房地产资产管理要求时，会阻碍房地产资产管理的发展，房地产资产管理会产生风险，被动推动技术进步和法制建设。

一、宏观调控政策导向对房地产资产管理的影响

虽然调控政策对房地产市场具有一定的影响，但是对房地产资产管理

行业而言，伴随着传统房地产开发的快速发展，房地产资产管理市场的规模不断扩大，市场空间不断拓展对于房地产资产管理行业，宏观调控政策不仅不会限制其快速发展，同时还会带来如下利好。房地产行业的宏观调控政策和房地产资产管理的发展为负相关的关系。

（一）鼓励房地产发展宏观调控政策时对房地产资产管理的影响

当鼓励房地产发展的宏观调控政策时，房地产行业迅速发展，房地产资产管理公司项目收益率下降，规模下降，管理的房地产资产质量上升。

（1）鼓励型房地产宏观调控政策时，房地产的投资和消费都处于上升状态，房地产公司的投资和销售良好，不良房地产资产项目减少。业主持有的存量房地产资产由于有上涨预期，且有良好的融资功能，出售的意愿下降，业务规模下降。

（2）消费者对于房地产行业保持乐观态度，房地产市场房产销售速度很快，并伴随着价格上涨，消费者购房决策时间缩短，更多的以价格衡量而非性价比。导致房地产资产管理公司的产品不能因品质高而获得更高溢价，项目的收益率下降。

（3）由于市场环境好、消费者购买意愿高，房地产资产管理的资产质量高，周转速度加快，可以弥补项目的收益率下降，房地产资产管理行业风险降低。

（二）限制房地产发展宏观调控政策时对房地产资产管理的影响

当限制房地产发展的宏观调控政策时，房地产行业发展放缓，房地产资产管理公司项目收益率上升，规模扩大，管理的房地产资产质量下降，房地产资产管理行业风险加大。

（1）限制型房地产宏观调控政策时，房地产的投资和消费都处于下降状态，房地产公司的投资和销售遇阻，不良房地产资产项目增多。业主持有的存量房地产资产由于有下跌预期，且受限的融资功能，出售的意愿加大。房地产资产管理业务规模扩大，收购的价格下降。

（2）消费者对于房地产行业保持谨慎态度，房地产市场房产去库存化速度放缓，并伴随着价格下跌，消费者购房决策时间延长，更多的以性价比衡量而非价格。导致房地产资产管理公司的产品因品质高而可获得更高溢价，项目的收益率上升。

（3）由于市场环境不好、消费者购买意愿下降，房地产资产管理的资产质量下降，周转速度放缓，可以使项目的收益率下降，房地产资产管理行业风险加大。

二、城市化发展对房地产资产管理市场的影响

（一）城市化进程创造了更多的房地产资产，为房地产资产管理提供了市场空间

居住需求是最基本的生活资料，是一切经济活动的物质基础。城市化进程最主要的体现是，农村人口大量进入城市，城市人口迅速增加，房地产需求不断增大，新增住房快速发展。同样，物质生产部门和服务部门为了吸引、留住更多新增城市人口，必须扩大企业规模、建造更多商业、厂房、服务行业用房及其他各类相关配套设施，各种房地产资产大量产生，形成越来越大的市场规模，给房地产资产管理提供了大量的市场空间。

根据国家统计局公布的有关数据，2016 年末我国常住人口城镇化率达 57.4%，[①] 但这一水平仍然远低于发达国家的城市化水平，比如美国、日本的城市化水平已经超过 80%，韩国超过 90%。在未来数十年中，中国将会继续保持较快的城市化进程，新增的城市人口甚至超过美国人口的总和，因此，毫无疑问，中国将成为全球规模最大的房地产置业市场，同时也将发展出规模最大的房地产资产管理市场。

---

① http://www.xinhuanet.com/fortune/2017-07/11/c_1121298960.htm。

（二）城市化进程聚集了更多的社会资源有利于房地产资产管理提供更多的支持

扩大房地产的市场空间势必要推动城市化进程。加大对于城市基础设施建设和公共服务的资金投入，可以发掘出更大的需求量。社会资源源源不断地壮大使得房地产资产管理具有更多的支持，为资产管理提供更多技术手段和工具。

因为城市化进程的不断深入，城镇人口持续增多，小型城镇居民不断向大城市迁移，内地人口不断向沿海地区迁徙。这种人口迁移的趋势还将延续一段时间。其次是普通劳动力素质的不断提升。劳动力素质的提升意味着劳动生产率的不断提升，尤其是制造业等行业中，技术工人的比例逐步提高。再次，企业的管理水平和公司治理的能力也不断提升，这也是推动劳动生产率上升的另一个主要原因。上述因素更促使房地产资产管理市场发展。

（三）城市化聚集更多的消费者，创造了更多的需求

据有关的测试结果，城市化上升1%，就增加了6.6万亿到10万亿元的资金投入。与此同时，就业增加、居民收入提高，壮大中等收入群体，促进消费驱动经济增长，同时推动金融、保险、物流、商店零售、旅游业以及娱乐行业等多领域行业的进步，如商业地产。传统的商业地产主要是百货类购物商场，而随着城市化发展，体验式、混搭、跨界等多种形式交叉发展，孕育出新的商业地产开发模式，这是消费者对新需求的集中体现。

（四）城市化高度发展带来更多利益，要求资产管理更专业

城市化发展催生出新的产业、行业、岗位，比如互联网，是科技高速发展的产物，而城市化的高速发展，是互联网大步前进的驱动因素之一。

互联网造就了许多出名的企业和企业家，同时这些企业用产品反作用城市化的加剧，为社会提供更多技术工具，带来更多发展机遇和社会、企业、个人利益。同样在利益的驱动下，多种多样的互联网产品，细分行业、细分产品都在为城市化添砖加瓦，对人才专业性的要求也在不断提高。房地产也在经历着由开发到运营管理的转变，房地产资产管理借助新兴前沿的科技手段，为城市化高度发展提供着全方位的服务与管理。

三、市场经济发展水平和市场体系完善程度对资产管理的影响

（一）市场经济发展水平对房地产资产管理的影响

市场经济发展水平是影响房地产资产管理的重要因素，当经济发展水平高时，人们收入水平增加，企业盈利状况良好，人们对于投资的信心增加，会加大融资，人们对房地产投资有着巨大的需要。房地产资产管理的规模不断扩大，房地产不良资产比例下降，对存量房地产资产管理的需求增加，在市场容量增加时，房地产资产管理的产品研发能力下降。增量房地产资产管理竞争不过一般的房地产企业，业务规模不大。随着经济发展水平的不断上升，开始出现房地产资产泡沫，房地产资产价格严重高于房地产资产的价值。人们开始对房地产资产进行观望，出现有市无价的现象，房地产资产价格既不上涨也不下跌。当经济一直向好，投资者信心增加，又进入新一轮的上涨。如果经济开始下滑，或出现个别事件，投资者信心受挫，投资者抛售房地产资产，价格下跌，信心又受打击，进入持续下跌的过程。当低于大多数人心理价位时，价格得到支撑，房价稳定在低点。这时不良房地产资产比例上升。人们不愿意往房地产资产里投入，一般房地产资产管理规模下降。存量房地产资产管理规模下降。房地产企业和房地产资产管理企业进行技术研发，迎合消费者的需求，等待下一个经济周期到来。

（二）市场体系完善的程度对房地产资产管理的影响

完善的市场体系一般包括商品市场体系、物流体系、市场监督体系、法律体系、商业信用体系。完善的市场体系使市场经济为主要配置资源手段，法律健全，信用体系完善，商品及物流体系健全，房地产资产市场的发展呈现出平稳态势，房地产资产管理企业的规模不断扩大。一方面房地产资产管理的合作企业完善有利于做出好的产品，另一方面消费者既可以向合作企业购买服务，也可以与合作企业横向或纵向发展成为房地产资产管理的竞争对手。完善的市场体系下，存量房地产资产的一般资产管理需求旺盛，但被单项的物业公司、商业运营公司所竞争。不良类的房地产资产管理比例不大。存量的房地产资产、更新类的房地产资产需求大，但需要做出好的产品。增量的房地产资产管理需要有好的产品同一般房地产公司竞争。总的来说，完善的市场体系下，房地产资产管理发展状态良好，业务规模不大，主要以好的产品和服务取胜，利润率不高，但风险不大。

打造优质产品是房地产资产管理的核心竞争力。在不完善的市场体系下，法律和信用体系不完善，配套企业不足的情况下，不良类房地产资产管理需求增加，由法律信用不健全，合作企业不足，需要房地产资产管理公司自建体系，做出优质产品，满足人们差异化的需求，完成房地产资产管理业务。由于房地产资产管理的业务链条相对较长，所以自建体系面临很大风险，一旦成功将获得超额收益。

四、金融体制框架结构对房地产资产管理的影响

金融体制框架结构对房地产资产管理影响巨大，金融体系包括：金融部门、融资模式与公司治理、监管体制。一般分为开放的金融体制框架、封闭的金融体制框架和半开放半封闭的金融体制框架。

（一）开放的金融体制框架结构对房地产资产管理的影响

开放的金融体制中金融机构多，市场化程度高，监管严格。可以为房地产资产管理提供更便捷的融资产品和低成本的融资价格，资产管理业务发展迅速，利于并购。由于金融机构的逐利性，金融及金融衍生品容易关注收益而忽略风险，使得出现房地产资产泡沫。金融行业喜欢通胀的环境，他们可以把多增加的货币据为己有，而客户货币的绝对值没有减少，甚至还有盈余。房地产资产管理在通胀时由于持有大量资产所以收益较大。当资产泡沫破裂时，价格暴跌，如持有房地产资产会造成大量亏损，不良房地产资产增加。所以在开放的金融体制下，房地产资产管理要有严格的纪律性，在房地产资产价格起步阶段，可以持有房地产资产，上升期间要尽量出货，握有大量现金，等待房地产下个周期来临。房地产资产管理公司一定严格控制负债率。在开放的金融体制框架内有利于房地产不良资产管理，有利于金融手段的创新和发展。人们有多种的金融投资渠道。

（二）封闭金融体制框架结构对房地产资产管理的影响

在封闭的金融体制内房地产资产管理的融资方式单一，成本高，甚至不能提供融资。在房地产资产管理中容易出现结构性风险，政策性风险、道德风险、管理能力和边界的风险，不良资产管理业务增加。房地产不良类资产管理利润丰厚，利益相关者设置资产管理公司壁垒，避免私有企业进入。人们金融投资渠道有限，出现金融一管就死、一放就乱的情景。

（三）半开放半封闭金融体制框架结构对房地产资产管理的影响

在半开放半封闭的金融体制下，房地产资产管理的融资功能受限，半开放的部分金融体制主要为特定行业和企业开放，这样的企业和行业民营企业进入困难。在半开放半封闭的金融体制下存在跨市场套利。对于开放部分的资产管理行业以服务类的资产管理为主，行业受限。人们的投资渠道有限。房地产资产市场起伏比较大，房地产资产管理的收益不稳定。

第四节　房地产资产管理的类型分析

房地产资产管理发展过程中，房地产资产从无到有，经历了三个阶段，分别是房地产资产以增量为主型、房地产资产以存量为主型和房地产资产增量和存量平衡型三种类型。本节对房地产资产管理的房地产资产的三种类型进行分析。

一、房地产资产以增量为主型的房地产资产管理方式

房地产发展是由增量的出现和增长为起点，增量的出现和增长表现在人们具有客观上的居住需要，是对房地产需求的最直观体现。

（一）以增量房地产为主型的特点

随着城市化进程的快速发展，人口向城市加速流动。城市特别是大中城市对房地产资产的需求持续提高，由此带动当地房地产市场规模不断扩大。由政府牵头主导，对城市进行总体规划布局，大量基础设施开始建设，各种房地产资产拔地而起。

资产管理公司也由此产生。其主要作用主要以防止出现系统性风险为基础，以资金、渠道、资源为发展驱动力。如果房地产是主导，那么房地产资产管理就是其有效补充，同房地产反向发展，并以本地化管理为主。

（二）以增量房地产为主型的管理方式

在此阶段，主要以满足市场刚性需求，低成本战略为主要管理方式。通过这种管理方式，有利于技术革新和产业的升级。此时，资产公司数量

不多且以国有性质为主，以政策性为主导，配合国家宏观调控，一般业务为剥离坏账，处理不良资产。资金来源以房地产信托和地产基金为主。房地产资产与房地产是相辅相成的相处关系，房地产市场好，资产公司相对处于弱势，反之资产公司处于强势。由于房地产有很强的地方性和区域性特点，所以当地房地产项目的不良资产多数交由本地资产管理企业管理处置。

（三）以增量房地产为主型的管理重点

以增量房地产为主型的管理重点在于尽快满足人们的基本需求。依靠大规模的市场，出台引导政策，进行技术革新，完成产业升级。同时，坚持总体规模，发挥市场调节作用，以国有资产公司为主的同时，给予民营资产公司一定的发展空间。在防范风险，处理不良资产时，着重资产管理的公平和效率的提升，鼓励资产管理公司以股权形式参与，而非债权模式。时刻保持房地产和房地产资产管理公司的平衡，房地产资产管理公司可有效引导房地产行业管理水平的提高，通过跨地区学习，跨行业整合，提升房地产资产管理水平。

二、房地产资产以存量为主型的房地产资产管理方式

（一）以存量房地产为主型的特点

在此阶段，城市化进程已基本完成，老龄化社会出现，逆城市化出现。存量市场巨大，基本设施配套完善，且趋于老旧，政府不再引导大的设施投入，转向民生，提供更多的基本保障。资产管理公司在此时的作用，主要是对城市的更新，对单体项目的改造升级。以提高管理、效率、创新为主要驱动力，并以市场房地产资产管理为主，房地产增量几乎为零，极少数增量也是以房地产资产管理公司主导的。房地产管理在此阶段会与传统制药业、服务业、金融业深度融合。

（二）以存量房地产为主型的管理方式

以存量房地产为主型的管理在于满足人们对房地产的个性化多样性的需求，差异化战略为主，通过对局部的房地产项目进行精细化管理，整合相关行业和产业。资产管理公司以民营公司为主，提供各种细节性的服务，实现品质生活为目标。以资产管理公司为主导进行项目的维护，提高项目收益率，逐步实现资产证券化。而资产证券化主要就是产权和使用权分离，所有权和管理权分离。资产管理公司以存量资产管理为主，增量很少。房地产资产管理会有大的品牌公司和地方区域公司两种类型并存。

（三）以存量房地产为主型的管理重点

此阶段管理重点在于满足于人们多样化需求和品质生活。为实现此目标需要依靠大存量的市场，鼓励创新，发挥市场经济作用，政府引导资产公司服务多样性，注重资产管理的公平和效率提升，保护各方参与者的利益。保持房地产资产管理公司持续稳定的发展，引导房地产资产管理水平的提高。通过跨行业整合，鼓励细分市场的房地产资产管理的发展。

三、房地产资产存量和增量平衡型房地产资产管理方式

（一）以存量和增量平衡型为主的特点

此阶段的特点是，城市化进程完成，人口在各城市中流动性较大；存量市场和增量市场规模都很大；基础设施建设基本完成，新城区的增量和成熟区域存量相结合。存量管理的规模化效应显现。资产管理公司的作用主要以防止出现系统性风险和提高管理效益。资金、渠道和资源为外部驱动力，管理、效率和创新为内部驱动力。房地产和房地产资产管理共同发展，互为补充关系。房地产资产管理行业出现跨区域的大型公司。

（二）以存量和增量平衡型为主的管理方式

以存量和增量平衡型的管理是分层次满足人们刚性需求、改善需求、满足品质生活的需求。依靠大规模的市场，出台引导政策，通过技术革新，完成产业升级。对存量资产进行精细化管理。国有和民营房地产资产管理公司共同发展。跨区域大型资产管理公司形成。同时要防范风险，注重资产管理的公平和效率提升。股权与债券相结合，收购与咨询、服务外包相结合。要保持房地产和房地产资产管理企业之间的均衡关系，房地产资产管理企业推动房地产行业管理水平的不断提高。房地产资产管理开始跨区域、跨行业管理，同时形成多种细分资产管理行业。

（三）以存量和增量平衡型为主的管理重点

此阶段管理重点是尽快满足人们的各个层次基本需求，注意投资过热、去库存问题。国有民营公司共同发展，注重资产管理的公平和效率提升。鼓励资产管理公司以多种形式模式参与，如股权、债券、服务外包等。房地产资产管理公司引导房地产行业管理水平的提高，鼓励房地产企业向房地产资产管理企业转型。同时，跨地区学习，跨行业整合，借助互联网，向细分领域深入拓展。

第五节　房地产资产管理的运行机理及发展趋势

一、房地产资产管理的运行条件

房地产资产管理运行的前提条件是房地产价格的不断波动带来的风险以及资本市场的不断完善为资产管理提供的基础条件。

（一）房地产资产的价格波动为资产管理提供条件

房地产资产管理的前提条件是其价格的不断波动，从我国房地产市场的发展历程来看，房地产价格波动具有如下特征：

1. 趋势波动

自房地产进入市场化发展进程之后，房地产价格基本保持了持续向上波动的态势。从长期波动趋势来看，房地产价格保持了总体震荡上行的基本趋势，从短期波动趋势来看，在特定阶段中价格波动表现为三种形式：持续上升或持续下降、突然上升或突然下降、价格基本保持不变。从周期波动情况来看，房地产价格的周期性特征不强，基本特征是价格上升的周期长，同时价格上升的幅度较大，而价格回落阶段的周期则较短，同时波动幅度较小。房地产价格上涨和下降时的波动幅度差异较大，表现出了很强的非对称性特点。

2. 区域性特征

房地产价格波动展现出了明显的地区差异性，发达地区和欠发达地区，由于基础配套设施完善程度不同，房地产价格的上涨幅度存在显著差异，同时不同区域的房地产价格波动还具有一定的先后顺序。经济相对发达地区，房价较高，同时房地产价格涨幅较大，经济欠发达地区房价较低，价格上涨也相对缓慢，波动幅度较小。从时间上看，发达地区房地产价格的上涨引领着欠发达地区房地产价格的变化，发达和欠发达地区的价格变化形成了“波纹效应”。因此，不同地区房地产价格波动呈现出了传递特性。

3. 主体投机性特征

从参与主体来看，房地产市场既包括处于居住目的购买住房的消费者，也包括处于投资目的购买的消费者，既包括大量房地产企业，也包括各级地方政府和中央政府。随着房地产市场中金融工具得到了普遍运用，房地产市场虚拟性的特征越来越明显，这导致房地产价格对市场信息和预期等因素的变化更加敏感。在房地产投资中，许多投资者都缺乏相关经验，“羊群效应”体现得非常明显。而各类媒体的不断报道也成为增强房价上涨预期的重要推手，市场参与者会根据有关信息不断调整自身预期，形成“全民投资热潮”，最终影响房地产价格。

4. 与宏观经济关联性特征

房地产市场发展与宏观经济之间存在着相对稳定的关系。一方面，房地产行业具有很长的产业链延伸，尤其是对于处于快速城镇化中的经济体来说，国民经济水平的提高离不开房地产行业提供的助力，房地产行业的发展也使其他的很多产业进入了繁荣期。另一方面，宏观经济的景气情况也会影响到房价的变化情况，可以在一定程度上解释和预测房价的变化。但是，在某些时期，经济基本面指标的变化情况难以解释房地产价格的剧烈波动，二者之间的互动关系不再显著，此时则需要用其他短期因素变化来解释房价的异常波动。

（二）资本市场的完善为房地产业健康发展提供重要条件

国民经济水平的快速增长提高了国民生活水平的质量，人民手中的资金满足基本的生活需要绰绰有余，因此有了更高层次的需要，如资本配置的需要，所以应当有一个成熟的资本市场体系来满足人们的需要。2014 年到 2015 年，股市变动的幅度很大，表明了我国资本市场并不成熟，人民进行投资时大都只有两个选择，一个是投资资本市场，还有一个是投资房地产，当资本市场并不能给予投资者安全感时，投资者的投资方向自然而然地转移到了房地产投资领域。所以，抑制房价增长需要完善资本市场，使其趋于稳定，使房地产市场的资金流流向资本市场。

1. 完善多层级的资本市场结构的建设工作，适应投资者的多样化需求

优化完善多层级资本市场结构，能够使民间资本活跃起来，流向资本市场投资，帮助实体经济的进步。我国人民的资金存款很多，是没有被利用的投资款项，这也表明了我国的资本市场发展得并不完善，市场层级较

少，产品种类也不能满足多样化的投资需要。投资个体的差异性、投资习惯的差异性、企业的差异性导致了企业融资需要的差异性。多层级的资本市场体系保证了丰富的市场和产品以供投资者选择，为投资者提供的服务更具有适应性，有助于资本市场资金量的扩大。

2. 保障投资者的经济利益和相关权益

投资者进行投资的前提是保障自身的利益和权益不会受到违规损害，所以要加快完善投资者投资程度合理化规范的建立工作，保证投资者的回报丰厚，同时确保投资者在决策和投资过程中的各项权利，保证投资者和被投资者的纠纷能够被妥善解决，依法打击违规操作和违法行为，加快进行中小投资者的教育工作，建立针对中小投资者的服务机制。

3. 保证资本市场的运行在法律的框架内进行

资本市场运转的主要载体是金融工具，实质是签订有关协议和合同而产生的信用关系，只有在法律的框架下，债权人的合法权益才不会受到侵害。健全的法律机制保证了资本市场能够运转正常，也保证了投资者权益受到保障的基本条文。所以，资本市场的运转必须在法律的制约下进行，市场交易机制要具备公平性和公正性，坚决保护投资者的合法权益，严厉打击资本市场的违法操作。不论是经营主体还是投资者，只要合法权益受到侵害，都可以使用高效率的法律手段打击侵害者，维护自身利益。

二、房地产资产管理的运行机理

房地产资产管理一般包括四个阶段：融资、投资、管理、退出。四个阶段的主要内容是：融资阶段负责筹集资金，投资阶段将资金转化为房地产资产的形式，管理阶段则是实现房地产资产价值提升的过程，在退出阶段中，房地产实现了由资产变为资金的过程，与投资阶段相反。对于房地产资产管理业务来说，由于流程比较长，资产管理的规模比较大，因此除了由四个阶段组成的整体之外，每个阶段也是一个单独的系统，具有自身特点。

（一）房地产资产管理业务的融资阶段

融资是房地产资产管理的第一个阶段，融资的规模决定了资产管理的规模，融资的方式、期限对资产管理的方式具有直接影响。早期融资主要依赖于资产管理企业的自有资金，随着对资金需求规模的扩大，融资开始逐渐依赖外部资金，比如来自银行、证券、基金等多种渠道的资金，并且可以同时采取多种融资方式。随着金融创新与房地产行业的不断融合，金融机构可以根据自己的风险偏好以及房地产资产管理业务的具体需求制定个性化的融资方案。每个房地产资产管理项目可以根据自身业务特点来安排融资结构，不仅降低融资成本，同时使得资产负债的期限更加匹配。

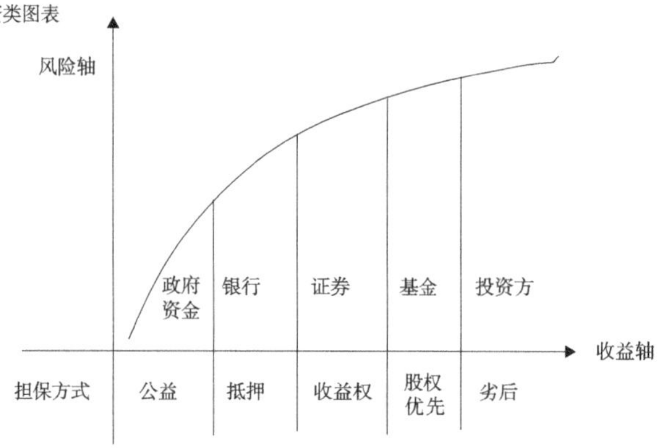

图 3–2　融资图

对于不同的房地产资产管理项目，或者是同一个房地产资产管理项目的不同阶段来说，其融资方案都存在着显著差异，可以采取多种融资方案，并且各个融资方案可以相互转化，相互融合。一般融资阶段有以下步骤：①团队的组建；②初始资金；③了解融资渠道；④融资产品设计；⑤融资实施。

（二）房地产资产管理业务的投资阶段

第二阶段，也就是房地产资产管理的投资阶段，是将第一阶段的融资转化为实物资产的阶段。房地产资产大体可以分为三种存在形态：土地、建筑物和房地合一。按照用途不同可以分为：住宅、工业、仓库、商业办公、文化、教育、卫生、体育等。按照产权人性质可以分为：国有房产（教体文卫等公共事业、军产、政府用房）、集体产权、私有房产、公司产权。财产的权利分所有权、使用权、抵押权、租赁权等。参与到其中的机构有：房地产开发公司（土地一、二级开发）、设计公司、房地产经纪公司、物业管理公司、各类业务经营公司、政府机构。

在房地产资产管理的投资阶段中，资产管理公司将与各个相关机构展开尽职调查、了解诉求、设计方案、商务洽谈等过程，整个的投资过程呈漏斗形销售的一个状态，每个阶段向下一个阶段的转化比例根据宏观环境有所不同。

1. 项目拓展阶段

一般区域内获得全面的信息来源，有三个网络，第一个网络，将设定区域内的房地产经纪公司全部整合，了解到区域内的在售房地产资产的价格，销售的速度，以及区域内的客户组成，客户的购房偏好。房地产经纪公司可以给房地产资产管理公司推荐项目，也可以帮着房地产资产管理出售项目。第二个网络，将区域内所有的房地产在售项目，存量房出售的项目，金融机构及企业所有在售的项目全部深入了解。可以了解到区域内所有的在售项目周边配套，项目的定位，产品的价格、存货量以及每个项目的优缺点，从而可以将在售项目进行项目排序。第三个网络，联系到区域内所有大宗房地产的权利人、政府及金融机构负责人。了解未来市场的供给量，投资者的信心、配套设施的完善，对未来趋势做出判断。

2. 尽职调查阶段

首先了解项目的土地性质及相关的权利文件，土地规划及建筑规划相关文件，建设开工相关文件，房屋建筑权利证明文件，区域内相关规划文件，项目的债权债务情况，使用情况及实际控制情况。了解核心权力的出让项目的核心诉求，如：高价格、快速回款、战略转型、上市公司年报等。了解出让方的决策机制。根据了解的资料将项目进行等级划分。

3. 设计方案阶段

根据了解到项目的情况进行分析，从客户需求出发，从配套设施项目定位，产品定位，销售定位等方面对项目进行体检，找出项目的优缺点，发挥和增加优点，去除和减少缺点。寻找可价值提升的相关点。做出逐步的处置方案，预测未来的可退出的方案退出的周期和收益。同时和相关合作方沟通方案的可实施性。

4. 商务洽谈阶段

根据整体区域内的房地产资产市场情况，项目本身的基础情况，设计处置方案情况，结合业主方的处置诉求，进行商务洽谈，涉及的方面有权利的交易方式、付款的周期、债权债务的处理、融资情况、后期合作情况，优先和劣后的权利义务等，商定价格和付款节点。商务谈判一般需要多轮谈判和长周期的过程。

5. 可签约阶段

起草相应的合同文本，准备资金，设计融资方案，盘点相应资产和明细，交叉验证相关手续和文件。

投资图表如下：

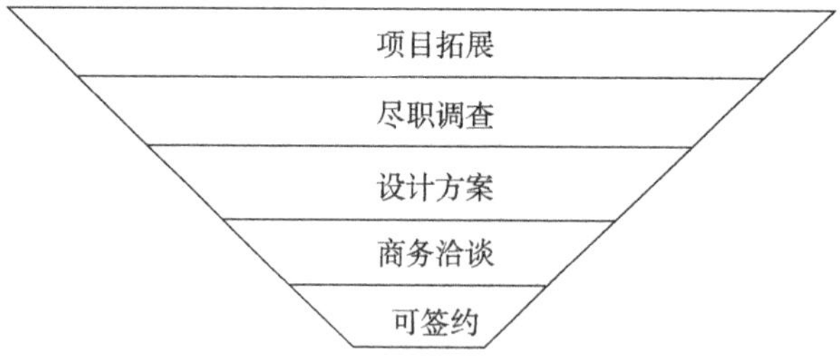

图 3–3　房地产资产管理投资阶段图

（三）房地产资产管理业务的管理阶段

第三个阶段是房地产资产管理的管理阶段，通过资产管理活动提升资产价值，实现价值创造。通过有效的管理活动，不仅可以提升使用者管理的效率、建设空间的使用效率，还可以提高资金的使用效率等。房地产资产管理的管理阶段一般包括策划定位、建筑改造、财务管理、物业管理等几个环节。涉及的机构包括策划公司、设计公司、建筑公司、商业运营公司、物业公司、财务管理公司等。

在管理阶段中，房地产资产管理公司根据项目的具体情况，以客户的需求为基本目标，对房地产资产进行重新策划定位，将每个环节分解到最小单元，使房地产资产获得新的价值元素。对于一些中间环节，资产管理公司可以外包给专业公司去实施。在管理阶段中，为了实现各个主体的价值最大化，需要打破纵向联系，在横向管理的过程中尝试很多创新行为。一般在管理阶段又分几个步骤：①策划方案阶段；②设计阶段；③建筑改造阶段；④招商运营阶段；⑤后期运营维护。

（四）房地产资产管理业务的退出阶段

房地产资产管理退出环节是最后一个环节，在这一环节中，管理的资产项目退出，由资产形式变为资金形式，同时将管理的资金交回委托方。同时要进行清算税收，为投资人进行报告、复盘总结等。一般来说，房地产资产管理何时退出、如何退出，在制定项目投资和管理方案时就已经确定。基本上是定向卖给某个机构或一类机构。在分析寻找退出客户时，寻找目标客户、了解退出方的需求，提出解决方案并实施。税收方案和投资者关系方案也在投资阶段和管理阶段一并考虑。一般在退出阶段又分几个步骤：①目标客群画像；②目标人群；③销售方案；④销售队伍；⑤组织实施；⑥事后总结。

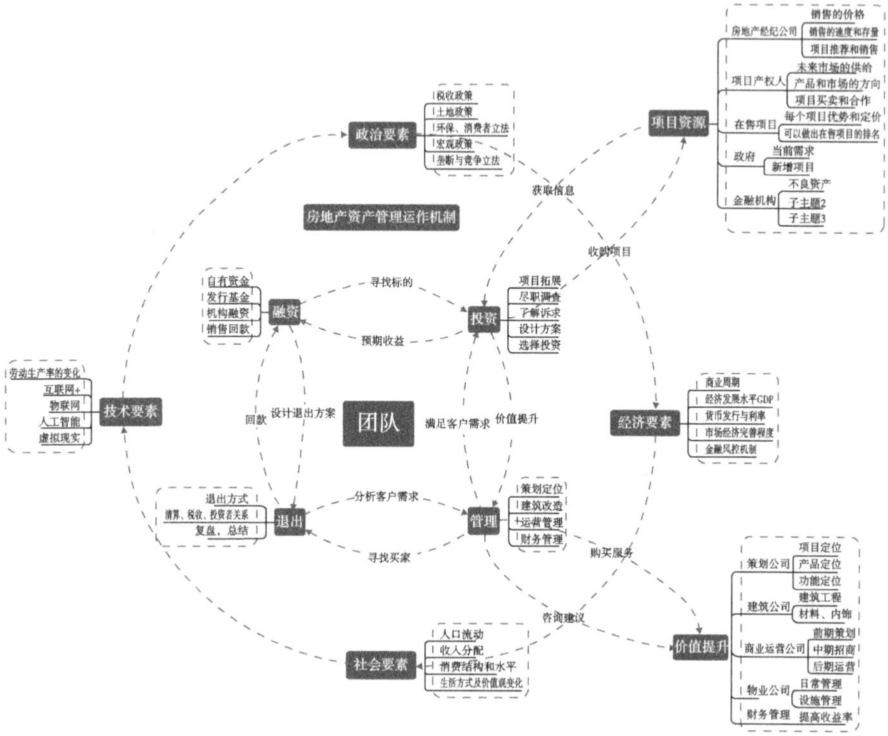

图 3-4　房地产资产管理运行机理图

三、房地产资产管理的发展趋势

（一）房地产资产管理与金融业融合的趋势

1. 与金融业深度融合

金融市场的发展将会直接影响到房地产行业的发展，作为资产管理业务，房地产资产管理是以有形资产的增值为主要目标的，随着房地产金融属性的凸显，房地产与金融行业之间的融合必将上升到一个新的高度。2007 年 5 月 29 日，美国房地产资产管理公司铁狮门公司与雷曼兄弟公司以 135 亿美元的代价收购了美国第二大公寓住宅投资信托公司 Archstone-Smith Trust。这一收购案例表明，从资产管理活动的实践来看，房地产资产管理业务与金融领域中的资产管理业务形成了双赢互补的合作关系。

2. 资产管理业务投资对象由地产类物权向地产类金融衍生品拓展

可以预计，未来相当长的一段时间，房地产依然是中国居民重要的资产配置产品，投资者对房地产配置的需求将越来越多样化，投资对象包括房地产上市公司股权、债权、REITs 等以地产为基础资产的类金融产品，资产管理业务必须适应市场需求，向结构化与金融化的方向创新。金融机构充分运用和房地产相关的多种金融产品并进行产品组合，同时利用渠道等优势加快同业合作，丰富投资领域，优化投资结构，为客户提供更加丰富的投资组合选择与投资收益回报。

3. 房地产资产的金融属性凸显

从住房的本质属性看，住房具有两种属性：一是居住属性，这是因为住房是一种耐用消费品，二是投资属性，这是从住房可以作为金融投资品的角度来说的。一般而言，住房的上述两种属性是不可分割的，但两种属性的地位是不同的，其主次关系决定了住房市场的发展趋势。一般来说，居住属性是住房的首要属性，而金融属性则属于住房的次要属性。如果居住属性不复存在，那么住房的投资属性也会随之消失。作为住房的派生属性，住房的投资属性必须服务于其首要的属性。住房金融属性的发挥，应该以提高民众的居住条件为主要目标。

房地产的金融属性逐渐凸显出来。随着我国经济继续保持高速增长，经济中的流动性出现了过剩的趋势。由于金融市场发展水平和金融投资领域的限制，过剩资金的投资渠道较窄，一般会流向两大市场：一是证券市场，二是房地产市场。资本市场的热度的不断下降，使得房地产金融性质的特征越来越明显。

（二）资产管理和全要素融合的趋势

1. 资产管理业务投资对象由房地产企业向地产持有人扩展

存量市场规模及金融服务需求引爆金融服务向存量市场的各参与主

体拓展。存量市场大量的改造需求、品质提升需求及居住功能性需求将是金融服务行业的重要市场机遇。原有居住的房屋、办公楼的装修风格已经逐渐满足不了新的需求，也无法达到先进的居住、办公要求，已经开始进入翻修阶段；同时，随着生态化、智能化建筑理念的普及，生态化、智能化系统配套产品技术的逐步成熟及物业管理和社区服务水平的提高，生态化、智能化小区的建设未来将具有较大的发展空间。

2. 资产管理业务内容由贷款融资为主向运营管理为主过渡

贷款融资为主的资产管理业务逐步萎缩，成为常规业务。一方面，具有独特开发能力优势和品牌优势的房地产企业获利能力、议价能力不断提高，优质客户债权融资成本不断降低，融资进入利率“血拼”时代；另一方面，中小开发商由于项目投资评估能力、项目建设管理能力、融资能力及风险控制能力较弱，为其提供传统资管融资风险加大。随着房地产企业“轻资产转型”及“大数据时代”来临，金融机构应以股权投资或者合作开发等方式，逐步由“融资”向“投资”转型，深度参与项目投资决策与运营管理，实现从“资金提供方”向“资产运营方”的角色转换，通过差异化的资产管理能力控制项目风险，提高项目投资收益。

3. 资产管理业务投资类型由以住宅为主向多业务组合转型

在地产行业新常态下，住宅增速及投资回报率将逐步回归正常，人口结构变化及需求结构变化将导致投资风险加大。但随着消费升级、产业升级、互联网技术等经济增长方式和经济新动力的出现，地产行业精细化、专业化的发展趋势进一步加强。金融机构与具有商业地产、产业地产等管理能力强的交易对手合作，在非住宅领域进行投资与运营，将是地产资产管理业务的重要投资。

4. 客户服务由批量化服务向定制化服务转型

现代信息技术的高速发展，特别是大数据技术依托于互联网和云计算，以接近于零的边际成本实现了对客户的信用评级和风险评价，解决了信息不对称和交易信用问题。金融机构数据的云量积累和数据应用能力的不断提升，一方面可以打造资管销售渠道，开拓了传统资管产品在互联网上的市场空间，使用户享受服务更加方便；同时实现了资金的化零为整，将众多用户的小额资金聚集成巨大的资金，利用整合的资金进行投资要求较高的投资，使用户能够用较少的资金进行高门槛投资。

（三）房地产资产管理向专业化发展

随着我国经济体制改革的推进和金融深化的过程，房地产资产管理业务的领域和深度都将不断拓展，比如投资于房地产不良资产的空间将进一步扩大，这对专业化的管理提出了更高要求。

1. 深刻认识并遵循金融市场的运行规律，是提高房地产资产管理公司专业化水平的基础

房地产资产管理公司要以对宏微观经济环境的深入研究、准确了解为前提，从地方经济发展、政策环境变化、资本市场波动等多重角度准确把握房地产市场运行的基本状况，不断增强对金融市场运行规律的认识，提高房地产资产管理的专业化水平。

2. 金融化、市场化是提高房地产资产管理企业专业化管理水平的技术基础

房地产资产具有多重属性，其价值实现条件也多种多样，因此房地产资产管理企业可以通过多种手段来实现专业化的运作，依托市场机制来实现房地产资产的保值和增值。因此，必须以金融手段作为房地产资产管理企业创新的重要动力，探索在新的市场条件下，不断发展房地产资产在收购、转让、经营、管理、开发等多个环节中的新模式。

3. 构建与金融市场相适应的组织管理框架，是提高房地产资产管理企业专业化水平的组织保障

房地产资产管理公司是一种新型的金融服务提供机构，其从出现到成熟需要经历一个长期的过程。

（四）房地产资产管理与物联网互联网 + 融合

1. 房地产资产管理与互联网融合

房地产资产管理和互联网 + 融合使房地产资产作为接收站，可以随时接受远程教育医疗、娱乐、物流。房地产资产设计便捷可以实现物流的最后一公里。共建共享社会，所有有效资产在互联网上交流，实现物品时间、人力等资源价值最大化。人们差异化的需求自己可以满足。互联网使交易成本下降，企业和个人的参与度提高，建立信用机制大家违约成本加大，沟通成本下降，效率上升。房地产资产管理以互联网形式运作，客户实现了定制化需求，房地产实现了以单定产。房地产资产管理以模块化、工程化装配式方向发展，以更短的时间更高质地满足客户需求，可高效回收利用，更节能更环保。

2. 房地产资产管理与物联网融合

物联网使每个节点都装有传感器实现万物互联，大家可实现分时分区办公，大家对房地产资产的私密空间的需求下降，对社区公共设施的要求上升。根据摩尔定律可以推出成熟科技产品的成本会成指数级下降。3D 打印、太阳能、无土栽培，实现消费者即生产者，逆城市化成为可能。大数据使人们的需求更明晰化。对未来的需求更有指导意义，可以使房地产资产管理提前安排，避免造成波动和风险。大数据使金融的风险定价更加合理准确。投资者的风险和收益获得最优。

第四章　我国房地产资产管理的现状及问题分析

在社会资本的助力之下，我国的房地产存量资产市场的规模已经很大，相关的产业点也在发生翻天覆地的改变，开发商的目光不再仅限于拿地、售房的“前端”业务，而正致力向综合型的运营商转化，更加注重房地产具备的投资溢价特点。所以，开发商和投资商之间又产生了第三方主体资产管理方。据估计，我国的房地产资产存量和增量在未来的5年到15年内会出现大量放量，这一阶段也是房地产资产管理公司实现规模扩大化的最好时机。然而，实际情况则是我国的房地产资产管理公司的出现时间并不长，从2005年至今，很多房地产资产管理公司相继成立，并且拥有各自的特色，有的企业擅长投资咨询，有的擅长资产重组，有的注重于物业管理和设施管理的基础管理，但是并没有很多能够为客户提供全方位管理服务和开展房地产资产收购、转让、经营、管理、再开发的企业。

事实上，中国目前急需推动房地产市场资产管理的发展，这一方面是因为它能够帮助房地产企业走出融资难的困境，另一方面是因为它能够帮助房地产行业乃至整个中国经济水平实现快速增长。自从改革开放以来，我国的房地产行业发展迅猛，推动了我国经济水平的提高，创造并且储备了大量的资金资源，但是这些资金资源并没有让国民分一杯羹，也正因如此，脱离于公众的房地产行业常常被谴责。

第一节　我国房地产资产管理历程回顾

房地产市场资产管理是房地产产权制度改革的结晶物，也是金融市场发展的衍生品，属于“应势而起”“适时而生”的新生事物，开辟了住房市场、金融领域经济增长及创新研究的新方向。由此，房地产市场资产管理其本身存在的时间并不长，就我国而言，进入大陆地区仅有二十几年，还处于不断摸索探究及完善试调的阶段，没有可供复制参考的成熟模式和清晰的发展路径，那么在回顾发展历程时有必要与我国社会经济变革及房地产制度变迁相结合，梳理其始末及来龙去脉。鉴于此，本章节主要以时间轴为分界点，分阶段结合社会经济形态及其各种影响因素整理我国房地产市场资产管理从萌芽到启动、再到逐步完善、调整发展的几个过程，为后面挖掘现存问题及寻找深层原因奠定历史的、客观的分析基调。

一、房地产资产管理萌芽期（1978—1991 年）

1978 年是中国的“改革元年”，不仅涉及政治生态、社会意识、行为规范、价值判断等多方内容，还是我国市场经济试水、金融破冰之开端。房地产市场资产管理在中国的发展，远跟不上住房商品化改革和土地产权制度变迁的前进步伐，呈现出一定的滞后性，在房地产市场形成及繁荣之际的很长一段时间才出现萌芽之势。1978 年之前，不管是经济建设还是社会生活都有明显的“计划”烙印，与亿万民众息息相关的住房亦是如此，带着浓重的“官办官管”色彩，采取了福利性的公共住房制度或者辅以“以租养房”“低租金加补贴”“筒子楼”的统一配给制度，基本满足积贫积弱的大背景下，要开展实际生产的现实住房需求。截至 1978 年，全国城市住宅面积约为中华人民共和国成立时期的 2.2 倍，城市人口也呈相应比例的增长，在逐步演变中基本形成了“低租金、高补贴、福利性、配给式”的公共住房格局，并无住房私有化、商业化、市场化、社会化的趋向。但随着社会经济的变革以及城市新增人口、迁居人口、流动就业人口对住房的刚性化、多样性需求的不断增长，由政府主导的住房制度明显出现投资不力、入不敷出的疲软现象，在社会变革之际，亟须重整资源，实行顺应“供需规律”的新的供给机制、制度。

（一）住房制度开始社会化改革

住房制度的变迁主要体现在住房本身商品属性的凸显和演变。中华人民共和国成立初期的福利化分房和低租金公房制度从本质上来说是全民保障的住房制度安排，践行“取之于民、用之于民”的理念，凸显社会的公平公正，但由于国家运转住房的财力紧缩再加上从上至下的行政指导缺乏及时效率，造成大量有刚性需求的居民无安身之所或者居住环境恶劣、人均居住面积不足等，成为住房保障体系中的弱势群体。乘着改革的春风，党中央、国务院、各职能部门及时联动，适时对我国住房制度和住房保障进行调整、规划。

在1978年首次畅谈改革蓝图之际，邓小平同志就提出了“房改”的问题，仔细琢磨“解决住房问题能不能路子宽些？”这一命题。顺藤摸瓜、顺势而上，自1980年《全国基本建设工作会议汇报提纲》，确定了中国未来将走住宅商品化道路，变革由过去政府单一主体承担住房建设和供给所需的资金责任，转向多方筹资负担。当然，改革并非一蹴而就，也并非一帆风顺，从提出方案伊始就收到不同立场人群和相关利益主体的质疑及攻击，首先围绕“住宅到底是商品还是福利品”进行了社会大讨论，在充分论证后确定“住宅是商品”的观点，还遭至很多人的诟病，认为这是极端的观点，是激进主义，是资产阶级自由化而现实的基本情况，也在一定程度上阻碍了的住宅商品化的改革，表现为在“高福利、低工资”的劳动就业市场中城镇居民的工资性收入水平非常低、购买能力有限，国家不得不对公有住房进行“补贴出售”的政策或者对住房租金进行改革。由此，住房商品化的过程几经曲折，甚至还有停滞不前、推翻重来的，然而在不断试点反馈、逐渐深化试调的过程中，城镇住房制度的革新有了很大的进步，由此产生了住房改革的热潮。

1991年，国务院颁布了《关于积极稳妥地推进城镇住房制度改革的通知》，确定了住房制度的革新工作要从分步提租、交纳租赁保证金、新房新制度、集资合作建房、出售公房等多个角度共同开展。在这一年的10月份，国家召开了全国第二次房改工作会议，明确了以租、售、建并重，将提租作为改革重点，确立了“多提少补”或“小步提租不补贴”租金革新的标准；改革的主要意图是提高房地产市场的交易率，提高住房建设量，实现资金回笼，实现住房流通、建设之间的相互推动。

（二）房地产资产管理初现端倪

20世纪90年代初期之后的十年间，房地产市场发展缓慢。开发商不断地建造商品房和金融机构对利益的渴望使我国建筑面积过大，再加上我国的经济水平在这十年间有所下降，导致了建筑的供给量远超过需求量，写字楼供大于求的问题更为显著。在这十年间，企业的生存率很低。人寿保险公司在这个过程中进行了房地产资源的回收工作，实现了房地产资源的累积，并且对房地产资源进行了科学化的管理。保险公司现在是大量房地产引以为豪的所有者，继而萌芽房地产资产管理。

二、房地产资产管理启动期（1992—2008年）

1992年邓小平南巡之后，受市场经济的洗礼，一大批满怀激情有志青年欢欣鼓舞，其中不乏知识青年和政府官员，他们更是跃跃欲试、纷纷下海经商，被称为“92派”，在房地产市场高回报率的诱导下掀起了一股“房产热”。与此同时，受90年代的欧洲及日本房地产市场泡沫破裂的较大影响，尤其是日本，出现了大量房地产企业倒闭潮，美国的房地产基金随后纷纷进入日本市场投资，为了占据更大的亚洲市场份额，把基金的投资目标瞄准了中国，随着海外基金大批进入中国房地产市场，房地产资产管理进入了启动期。

（一）房地产市场进行宏观调控

住房制度的改革就是取消原国家保障和单位保障的分房制度，推动居民住宅货币化、房产转化为私人财产的进程，这表明沿用了近50年的公共住房制度正式退出了历史舞台，市场化变成住房分配制度的主体选择。诚如在第一阶段分析的那样，房改是“跌宕起伏”的路径演变，前期主要是政策引导，政府在房改过程中扮演了“推行者”的角色，但随着越来越多的群众接受这一新生事物后，房地产出现了一种近似“非理性”的投资狂热，很多地区都在大力开展建设工作，房地产行业一时间炙手可热，房地产开发公司也如雨后春笋般纷纷建立，在1993年一年内就增长了近9000家，吸收了大量的财政资源及社会资本流入房地产行业，在争抢大锅饭的多头管理下出现压价竞标，造成国土资源严重流失，且随着金融市场上的拆借、融资、原材料价格上涨、买方需求疲软以及违约概率的增大，致使我国房地产和金融市场出现非常混乱的局面。

失序的房地产和金融市场造成了全国性的高通货膨胀率，如此国家不得不采取紧缩银根、抽撤资金的措施，同时针对房地产业的畸形和过热发展问题进行宏观调整。1996年，伴随着中国的经济低迷，当时的国务院总理朱镕基指出“加快住宅建设，使之成为新的经济增长点和消费热点”，再到1998年颁布的《国务院关于进一步深化城镇住房制度改革加快住房建设的通知》，通知中关于住房制度的改革举措使得中国楼市和经济双向腾飞，对货币增发和土地财政也是大有裨益。

（二）房地产市场资产管理落地

房地产市场在经历“推动—火热—平静”的快速发展之后，凸显其自身发展的周期、阶段性规律，也从另一侧面说明单一的政府行政指导或者完全地由市场配置都会出现“管理真空”，继而陷入失序的状态。针对房地产价格虚高、经济泡沫、大量房闲置、保障房建设不足等多样问题，国家开始进行宏观调整，适当地控制投资规模，调整投资结构，规范市场行为，调节房地产经营收益。与此同时，较为繁荣的房地产市场及趋向成熟稳定的房地产金融业迎来了发展的春天，房地产市场资产管理实体公司首次组建落地。

2001 年，我国首家以收购、管理、处置银行不良房产为经营业务的房地产专业资产管理公司在上海宣告开业。其公司的主营业务有：解决存量空置房的问题。新开楼盘供销两旺，但存量空置的消化较慢；积压资金，回购资产，新成立的企业经营重心落于房地产行业和整个金融业的协同发展，发挥自身具备的专业管理优势，确定并审查核对不良房地产资产的价值，致力建立系统性的专业减少承担风险的机制；企业要利用置换、资产重组、债转股、证券化、销售等方式处理已经收购的不良房地产资产，对这些不良资产进行高效率的处理和盘活。在不动产“动产化”的过程中，不动产的价值能够在资本市场的运转中被充分利用，能够有效地解决房地产市场库存较多的问题。上海房地产资产管理公司的开设，无疑是为房地产市场去库存的一大推动力。

三、房地产资产管理调整发展期（2009 年至今）

2008 年金融危机之后，发达经济体陷入了衰退，发展中国家经济增速减缓，在中国投资的海外基金对其投资的方向和价值进行了重新评估。而与此同时，中国市场上一批知名度高、经济实力强的本土投资企业正在崛起，全球金融危机的剩余影响日益凸显，我国的房地产开发变得更加理智和小心翼翼。然而房地产市场本身具备的难以控制的因素使房地产项目的建造以及销售管理都存在许多偶然性，例如项目隐含的风险度较高、项目需要较多的前期投资、投资收益周期较长等。所以要加快落实资产管理措施、实现筹资的多样化、对投资资金进行严格的管理等举措来保障企业的运转和房地产项目的建设能够平稳推进，中国房地产资产管理随着房地产建设和投资业的发展进入了中长期的调整发展期。

中央经济工作会议提出“房子是用来住的，不是用来炒的”奠定了政策的主基调，党的十九大再次提及：明确房子作为使用品的定位，制定多供给商、多重保障、租房购房并重的住房机制，保证国民都能够有稳定的住所。在此诉求下，我国未来房地产市场的发展将有更明确的新定位，突出房地产的“住房刚需”属性。在各政策的助推下，房地产市场发展的新格局正在加速形成，房地产行业既解决了人们的住房需要，也推动了整个社会经济水平的提高。这两点在实际生活中有一定的对立性，很难同时保证，但是社会的大环境以及内部因素都激化了房地产行业在这两点上的矛盾，矛盾的结果将确定未来某段时间内中国房改的前进方向和房地产市场资产管理的前进方向。

第二节　我国房地产资产管理取得业绩和面临挑战

根据经济发展规律和市场机制的有效资源配给规律，与其说房地产资产管理行业来到中国，不如说中国房地产资产管理行业在中国巨大的房地产资产存量的推动下产生。分析目前中国房地产市场和房地产市场资本管理所取得的业绩和现在抑或即将面临的挑战，是历史现实主义分析问题的科学方式。

一、我国房地产资本管理取得的业绩

这一部分文章主要切入点为房地产资产管理业务和房地产资产管理公司自身建设以此来阐述我国房地产市场资本管理所取得的业绩。

房地产资产管理行业在不同的资产类型上存在差异性。在住宅业方面，国家已经颁布了相关的政策，主要的经营方式就是租赁经营；办公楼

产业在市场上的数量众多并且呈持续增长的状态，所以具备一定的流转风险，数量众多的零散销售的写字楼物业没有达到物权统一所以经营规划比较散乱；商业零售物业具有多变的资产管理模式，但是开发量增长得比较快，开发商并没有专业化的运营规划。我国房地产市场上存在的房地产资产按照用途和产权归属的不同可以被划分为住宅房地产资产、工业房地产资产、商业房地产资产和公共房地产资产四种，这四种房地产资产共同组成了我国城镇房地产资产的全部管理市场。

（一）住宅房地产资产管理业绩

我国住宅购买热潮持续十年不见消退，在2006年商品住宅的总投资额达到了13600亿元人民币，增幅达到了25.3%，是我国总投资额的70.2%。这些数据表明我国房地产资产管理行业还有很大的发展空间，但是，住宅资产中不良资产和低效资产比较少。

（二）工业房地产资产管理业绩

自2007年初，我国工业用地全部落实“招、拍、挂”，北京、上海、天津等发达城市的工业用地价格一季度增幅达3.2%，每平方米价格为879.4元；土地价格上涨导致了工业物业设施的租金增长，上海工业物业的租金价格一个季度上涨了2.5%，每平方米的月租金为38.5元。因为住宅物业本身就具有高昂的投资成本，而且国家对住宅投资的要求较多，多方面因素作用下，投资者进行住宅投资获得的回报比较少，但是却要承担较高的风险。导致这一现象的原因是，当市场的发展呈现出健康态势时，某领域的活跃性太高，价格就会按照市场机制升高，投资获得的回报就比较少，风险也在酝酿之中。但是工业地产目前还处于不断的发展中。和其他房地产产业相比，工业地产的发展比较落后，具备的经济潜力还要进行深度发掘。专家估计，我国未来的物流市场平均每年的增长率达到20%，长三角地区低质量仓库的日租金在0.5～0.8元每平方米，高质量仓库的日租金为 0.9 元每平方米甚至高于这一数值。工业物业长期受到投资者的冷遇，然而和其他房地产投资相比，工业物业是很好的投资选择。对工业物业进行投资的方式有多种，可以建造仓库或者厂房出租获取租金，也能够购买附带租金的资产作为投资。普通的商用物业投资收益率在 6%～8%左右，但是工业地产投资的收益率一般在 8%～12%之间，甚至达到 15%，和商用物业投资相比，工业地产投资的风险更低。大部分投资商并没有察觉到工业地产具备的价值，其在未来的价值提升幅度会很显著。总而言之，工业房地产资产管理具有广阔的市场空间，并且行业前景一片光明。

（三）商业房地产资产管理

这几年来，我国商业用房市场的发展有下列特征：在 2000—2006 年，写字楼进而商业营业用房的投资总量不断增多。办公楼和商业用房在 2006 年的投资总额增幅分别为 21.0% 和 15.0%，在我国投资市场中占据的份额为 4.8% 和 12.2%，投资额是 2000 年的 3 到 4 倍，增长速度很快。同时，商业房地产开发商的经营体系大都千篇一律，所以特定用途的商业用房库存量很大。除此之外，技术的不断革新和理念的改变使大部分商业房地产资产和市场步伐相比表现出滞后性，能够带来的经济效益并不高，但是这时候资产的持有权已经由开发商转移为商业用房的使用者，缺少了利益相关性，开发商不会注重资产价值的保持和增加。这是我国商业用房市场中常见的现象。

（四）公共房地产资产管理

中国经济的迅速腾飞以及公共财政制度的制定都使公共事业房地产资产不断增多，与此同时资产质量也在提高。虽然我国国有资产总额一直呈上升态势，但是国有企业在国有资产中占据的份额一直都在降低，公共地产资产占有的份额不断增多。房地产项目的过度开发导致房地产资产库存积压。资产管理方面，也有很多不足。

（五）房地产资产管理公司数量增加、队伍扩大

我国房地产资产管理产业的发展历史补偿，这一产业在国内正式出现是在 2005 年，一些开展房地产资产管理业务的公司相继成立，旨在帮助国家解决“清库去存”的社会难题，立足新经济理论，服务房地产业全链条，以购房有返的创新商业模式，解决开发商资金回流的难题，同时有效地缓解了消费者的购房、住房的压力。据国家工商局有关部门发布的数据，我国注册为房地产资产管理类型的、经营业务主要围绕房地产资产展开的公司不到十家，经营状况良好，发展势头迅猛的房地产资产管理公司更少，只有 3 家。

对国际上房地产资产管理公司成功案例的分析可以得出结论，房地产资产管理公司想要占据市场获得长足的发展就必须满足以下几点：首先，房地产资产管理公司对资产的管理是持续性的，不同于房地产开发商只需要关注房地产资产的开发和出售过程；其次，房地产资产管理公司的经营业务主要围绕提高房地产资产价值展开，期望的经营结果是资产所有者和企业获得可观的经济效益；再次，房地产资产管理公司推出的主要业务是收购、有偿转让资产所有权、运营、管理、再开发库存的房地产资产，依据专业的判断能力制定合理的资产处置方案，最大限度地发掘资产的价值；又次，房地产资产管理公司管理的重点是资产管理、投资组合管理、专业咨询管理等方面的规划性管理工作，而执行时需要考虑到社会和市场因素；最后是房地产资产管理公司在整个以房地产资产管理为核心的产业链中能够把握相关的法律经济问题、在企业管理方面具备的严格执行能力以及对房地产资产市场进行正确的定位和规划能力构成了企业的核心竞争力，具备这三项能力的企业能够在市场竞争中占据有利地位。

二、我国房地产资产管理面临的机遇与挑战

对行业的未来进行设想，有关房地产发展的道路越来越清晰，在未来

的大资管时代、共享经济时代，如何寻找城市、行业发展的新势能，亟待众房地产资产管理研究者和从业者脚踏实地、专研创新。这就需要对现时期以及中长期，我国房地产资产管理将面临的机遇与挑战进行深度全面的解析，适时搭乘机遇的列车，直面挑战的压力，辩证把握机遇与挑战的内在联系，有利于树立房地产资产管理的正确发展方向及寻找突破创新口。

（一）房地产资产管理面临的机遇

“机遇”的“机”字一般紧随“危机”的“危”字之后，也就是说机遇不仅能自发新生形成还能通过因素之间的转换而致。我国房地产资产管理亦是如此，全球金融危机的剩余影响日益凸显，我国的房地产开发变得更加理智和小心翼翼。然而房地产市场本身具备的难以控制的因素使房地产项目的建造以及销售管理都存在许多偶然性，例如项目隐含的风险度较高、项目需要较多的前期投资、投资收益周期较长等。所以要加快落实资产管理措施、实现筹资的多样化、对投资资金进行严格的管理等举措来保障企业的运转和房地产项目的建设能够平稳推进，因此，我国房地产资产管理就有了存在、发展、创新的巨大空间和利好期盼。

1. 新经济业态持续发展

房地产资产管理业的发展离不开稳健、充实的经济基础保障。近年来，我国经济稳中向好发展态势不可逆转，发展的步伐坚定有力、踏石有痕，提升质量、优化结构、平衡分配，奠定了我国中长期阶段的经济发展基调，是房地产资产管理顺势发展最利好的“软环境”供给。如，在经济的绝对增长方面，2017 年上半年，我国 GDP 增速达到 6.9%，超过了 6.5% 的政府预期目标，通胀调整后的人均可支配收入的增长速度达到了 7.3%；在国际货币支撑力方面，经过 2015 年 8 月到 2016 年 12 月 11% 的大幅贬值后，人民币在 2017 年小幅升值，稳定于 6.8 元人民币对 1 美元附近（数据截至 2017 年 6 月底）；在抗金融风险方面，我国金融体制革新进程的深入和金融市场的建立成熟使金融资本聚集的现象逐渐凸显，在亚洲金融危机中，我国的经济体系没有遭受严重打击，经济增长的幅度稳定就已经表明了我国能够有效地对金融风险进行预防和化解。

2. 资产管理行业的繁荣

近年来，特别是自 2012 年以后，我国资产管理行业发展迅速，这既是因为我国宏观经济的进步导致居民生活水平提高，逐渐树立了理财观念而且产生了资产管理的需求，也是因为金融市场的繁荣为行业的发展奠定了基础，使大量的资金流入房地产市场，使房地产行业呈现出空前的繁荣。另外的原因是，金融行业的革新进程中，资产管理行业产生了多样的产品和多层次的交易构成，不再全部依托于银行、证券、保险等行业，而是开辟了一个崭新的独立的新行业并有了快速的发展。

目前我国资产管理行业的发展前景非常乐观。据前瞻产业研究院发布的《2017—2022 年中国资产管理行业市场前瞻与投资战略规划分析报告》显示，2016 年资产管理规模已达到 116 万亿元，2012—2016 每年平均增长率达到了 43.97%，行业的资金储量在全国各行业中排名第二。从市场份额来看，截至 2016 年底，银行业理财产品存续余额 29.05 万亿元，占我国资产管理总额的 25.06%；基金管理公司和子公司合计管理资产规模 26.05 万亿元，占资产管理总额的 22.47%；全国 68 家信托公司管理的信托资产规模达到 20.22 万亿元，占资产管理总额的 17.44%。

3. 房地产资产管理和金融密切联系的需求

由于房地产业中的政策调控频率较高、金融紧缩政策种类繁多，房地产资产管理行业也势必会受到一定的影响，但鉴于房地产管理的特殊行业特点，这一行业将面临更加巨大的机遇。房地产资产管理行业本身就是与房地产金融紧密联系的金融业种，其主要业务之一就是为金融机构提供资产处置及管理的解决方案。宏观金融政策的紧缩，不会影响不良资产的处置，金融机构也会优先像支持自己业务一样支持房地产资产管理行业运营的市场化，原因是房地产资产管理运营的行为对不良资产、不良贷款的作用是正面的。此外，房地产资产管理的价值，在存量时代愈加得以凸显。

地产开发的黄金十年已经过去，在“白银时代”，规模不再是唯一的衡量标准，房企从“开发商”转变为“运营商”，资产管理和运营能力被提升到更加重要的位置。

（二）房地产资产管理面临的挑战

1. 房地产业发展受政策的调控约束较强

房地产业持续健康发展离不开政府的宏观政策调控，依据现行的政策取向，未来在较长时期中都将会对房地产业的发展密切关注。中国经济增长的速度受到有限资源的制约，投资比例不均衡、有效需求量少等问题是房地产调控过程中急需解决的问题，房地产行业依然是政府控制的产业，有关政策的变动会对房地产行业的发展产生巨大影响。鉴于金融风险防范的需求，我国在传统房地产领域里的金融信贷政策逐步紧缩，2007 年一年当中多次加息、提高银行准备金，防范房地产领域里的不良贷款风险的发生，对房地产开发领域产生了很大的影响，对传统房地产开发模式提出了严峻的挑战。

2. 资产管理行业面临阶段性的行业调整

2015 年以来，我国经济增速明显开始放缓，央行有意识在逐步控制广义货币供应量（M2）规模，整个市场资金容量增速呈现下降趋势；2022 年以来，金融监管机构重拳出击，整治金融乱象，“去杠杆、挤泡沫、防空转”等一系列强力监管措施开始逐步落地实施，由于同业理财、同业存单形成的资产管理规模急剧下降；由于 2015 年 6 月份以来史无前例的“股灾”和 2016 年 10 月份以来的债券市场的“深度调整”，都给市场带来严重“创伤”；加上，近期党中央和国务院多次在中央政治局会议、国务院常务会议与全国金融工作会议等重要场合提出严防金融行业发生系统性风险，资产管理行业将面临着跨域式高速发展后的阶段性调整，规模为王的黄金时代已经过去，稳中求进成为行业发展的主基调。随着后黄金时代正在逐步确立，过去“跑马圈地”粗犷式发展的模式已经不再适用，回归资产管理的本源，精细化、差异化与专业化发展逐渐成为趋势，未来的泛资管时代，把握趋势性、结构性、阶段性投资机会应该成为主旋律。

3. 商业地产资产管理受到巨大的回调阻碍

就现在的状况进行分析，高昂的房价经过政府的宏观调控和市场的调整会逐渐下降，逐步和其实际价值靠拢，更容易达到投资者预想的回报收益。在资金筹集方面，资本市场更倾向于资金回收期更短的投资项目。投资人的心理受到政策、市场环境、人民币汇率等多重因素的作用难以改善。有些开发商的心理难以接受房地产市场的发展趋于平缓这一事实，还需要一段时间才可接受。然而，整个行业的利率下降，出售速度降低，不再占据债权融资的有利地位，低风险稳定收益类的保险资金不断发展，这些因素都会引导房地产行业的发展趋向平稳。资产管理方面的主要问题是资产所有者和管理者之间的信任程度不高。国际上普遍使用的交易方式并不适应我国的资产管理市场，同时，我国的资产管理队伍素质良莠不齐，高素质的队伍很少。但是可以预见，随着大资管模式的逐渐适用，这一问题能够被解决。

4. 技术支持与网络风险成为新运营挑战

资产管理并不是实体业务，目前这种业务还依托于低技术含量的设施。在未来的发展中，资产管理企业需要高水平的技术来收集客户的信息、保证运营的高回报、优化监督管理和税务报告。另外，该行业还会面临着新的风险——网络风险。未来在提升成本带来的经济效益层面，技术的重要性也是不容忽略的，提升了企业的投资者管理水平和客户关系管理水平。行业内的竞争会更加激烈，专业水平够高、资金储备量足够的大型企业才能够在激烈的竞争中生存下来。企业需要根据客户的特点，对口制定相适应的管理模式，因此企业需要社交媒体、可移动通信设备等技术作为收集信息和定位的工具。资产管理公司对收集到的数据进行分析，推出更合适客户的业务，扩大客户量。社交媒体可以帮助公司进行大数据分析，更好地根据客户的需要提供对应的产品和服务。资产管理公司想要达到上述预期，就必须建立数字情报基础设备作为技术支撑，预计带来的结果是：企业能够占据更大的市场空间、客户群体被扩大、业务相关信息量增多、信息深度得到挖掘、推出的产品更加符合客户的要求。

总而言之，现在房地产资产管理流程中的“投、融、管、退”各个环节都存在不足之处，导致这些问题的根本原因都是行业资产价格高昂和对资金回笼速度的疯狂追求这两个问题。只有妥善地处理这两个问题，同时提高管理队伍的专业水平，房地产资产管理产业才会有蓬勃的发展。

第三节　我国房地产资产管理的主要特点

一、我国金融业不发达，房地产资产管理处于较低水平

房地产市场资产管理的主要特征受不同环境和政策的影响，呈现出不同的特征。金融业是房地产市场资产管理的依托性行业，当金融业不发达时直接导致我国房地产资产管理处于较低水平。

（一）我国金融业不发达导致房地产资产管理以不良资产为主

我国金融业不发达导致金融服务匮乏，未能形成多层次的金融市场，金融贷款业务主要以抵押类担保方式，导致了不良率升高。当贷款出现风险时，不能提供新的解决方案，更多以抽贷为主，归还不了贷款，就处置资产。

由于我国金融业不发达导致我国资产管理公司主要是打包处置资产的方式。主要处置方式：单项资产出售、多项打包出售、挂牌拍卖等。导致的不良资产回收率在 30% 以下。同时在不良资产处置过程中还存在一些问题。有的不良资产剥离工作粗放，一些金融机构借机转嫁经营损失，掩盖违规经营问题及违法案件等。在资产处置过程中，处置不透明，内部交易

和关联交易突出，评估主观性大，同时存在假招标和假拍卖的问题。金融公司内部管理存在问题，风险控制机制不严。金融业和房地产资产管理行业的法律法规不完善不明确。

中国金融业的滞后性是金融业不敢涉足房地产资产管理发展的原因，一方面，在房地产资产出现风险时，金融业不敢再提供资金支持，有的企业只是短暂的流动性紧张变成了破产。本来可以追加少量资金，就可以实现价值大幅增值却变成了割肉止损。另一方面，在房地产资产并购期间没有相应的融资渠道，导致交易效率下降，规模发展不起来。最后，由于金融行业内控不完善，法律不健全，导致金融业不知道对房地产资产管理的安全边界，所以处于不敢支持的状态。

（二）我国房地产资产管理公司以国企为主，民营资产管理公司募资困难

中国房地产资产管理公司成立的出发点是保证国有资产的所有权归属国家，所以其服务对象即国有企业，经营的目标有三个：首先是减少四家国有银行的负债率，保证这四家国有银行在国际上有良好的形象和声誉。同时推进国有银行的革新工作，将不良资产排除后对银行进行严格的审查，抑制不良贷款率的上升，进而将国有独资商业银行现代化。其次是有效利用金融资产管理公司在法律层面上的独特地位以及高水平的专业能力，将资产回收进行责任的归属化，进行合理化运营，最大限度地发掘出不良贷款的潜在价值。最后是利用金融资产管理实现对企业由债权到股权的转化，帮助国有大中型企业走出经营危机。因为此时的国有银行不支持民营房地产资产管理公司，国外的金融机构也不拥有资产管理的权力，所以民间资本所有的资产管理公司募资困难，很难开展房地产资产管理业务。

二、我国房地产资产管理国家干预很强

房地产是“商品性”和“公共物品性”相叠加的复合型产品，既需要宽松高效的市场经济环境，更需要宏观政策调控的国家干预。在政府干预调控的现实状况下，房地产资产管理因行业政策调控的内容、力度、持续时间的束缚，对未来预期就会有不同的判定，继而呈现出新的特征。

（一）房地产资产管理行业波动大

波浪式的起伏运动表征就是不平稳、不安全的内在表现，同时又再外化为风险特征。有区别于受经济周期而产生阶段性不可避免的波动影响，受政府政策调控影响的波动幅度会更大，变现为波动的峰值会更高、波动的间距会拉大，也就是说受影响程度大、时间持续长、自主恢复较慢。

一方面，中国房地产行业本身的发展呈现出快慢交替有规律的变化。中国房地产行业的发展势头十分迅猛，房地产行业各种数据的数值都呈现出增长态势，然而各数据的增长率时快时慢，具有一定的变化，所以，中国房地产具有增长率规律性变化的特点。我国自 1998 年实行房改制度，住房商品化也是始于 1998 年，在这一年，中国房地产市场迅速去库存，更多人看重住房环境的优化，因而滋生了巨大的房地产市场空间，房地产行业也取得了长足的发展；在消费者的住房需求基本被满足之后，房地产行业的发展速度一定会降低，整个行业呈现出稳定的态势，这就是房地产行业发展速度的周期性规律变化。

另一方面，受行业政策约束和放宽的两种矛盾因素的作用。我国房地产行业并没能实现全面的市场化，土地的所有权归属国家，也没能实现利率的市场化，但是土地有关政策、利率等因素都会对房地产行业产生作用，因此政府颁布的各种政策都能够引导房地产行业的进步，所以房地产市场情况会随着国家相关政策的变化而变化。

（二）房地产资产管理公司空壳化

在国家政策利好的鼓励下，房地产公司有雨后春笋般的成长势态，但是一旦国家政策支持转向反面，受宏观调控的制约和束缚，在政府扶植下的房地产资产管理公司很有可能钻政策的漏洞，披上房地产资产管理的外衣，其实早已易主他人或者改旗易帜地从事其他利好行业，造成大量的"僵尸""空壳"公司形象体而不死，不能发挥房地产资产管理的作用。

（三）房地产资产管理业务构成单一

从市场需求角度进行分析，我国城市化政策的不断落实，农村人口不断向城镇迁移，城镇居民的购买力不断提高，产生了高质量的生活需求，所以房地产市场的需求量势必增长，房地产市场亦将非常活跃，业务也应该是多彩纷呈的，诸如不良资产业务、证券业务、信用评级业务、金融租赁业务、金融风险数据业务、其他金融业务（资产证券化、分层信托、财务顾问、法律顾问、尽职调查服务、风险金融机构托管）等各种各类的专业型、复合型业务。但事实上，在国家强干预的现实背景下，业务内容和模式过于受政策的导向影响，大多中规中矩，不敢创新也不敢"越雷池"。

三、我国房地产资产管理不能充分发挥市场配置资源的决定性作用

（一）我国土地垄断，银行、资产管理公司国企性质使供需不平衡

我国土地的分配制度是社会主义公有制，就是国家拥有土地的所有权，国务院是所有权的行使者，用地部门和人民可以使用土地但是不具备土地的所有权。集体土地不能流通，必须转为国家收储后才能上市交易。这就导致了国家是唯一的供方，土地的价格不会根据供需进行价格调整。

我国的主要金融机构都由国家控股，中国金融市场和发达国家相比很

落后，市场体系不完善，融资结构中间接融资占有的比重较大，而且融资所需的代价高昂。很多投资者需要依靠银行发放贷款来获取投资资金，所以货币供给量从市场供应方面对房地产信贷的数额产生作用，同时在需求方面对消费者购房产生影响。另外，在银行对个人申请购房贷款的约束放宽以后，消费者购买房产时以信用贷款为主要消费方式。这几年，货币发行量增加，房地产投资不断升高，消费者的购买能力也在升高，房价因此上升。国内大规模的资产管理公司都是国有企业，这类企业成立的出发点就是降低整个金融市场的风险，维持金融系统稳定。这也决定了我国房地产资产管理不能充分发挥市场配置资源的决定性作用。

由于土地的垄断性，和银行、资产管理公司的国企性质，使价格不能公允地反映资产价值，反过来价格也不能影响供需平衡，所以银行和资产管理公司的国企性质不能通过价格使房地产资产供需平衡。

（二）房地产资产管理市场参与的主体少，交易规模小

在市场经济不发达、不完善的现实背景下，针对房地产市场资产管理的目标客户有房地产开发商、海外投资者、基金机构、单一产权拥有者或共享产权拥有者。房地产资产管理的特点有管理交易主体少、房地产资产管理交易规模小、房地产资产管理交易方式不灵活及房地产资产管理中间费用高等鲜明表征。此外，我国房地产资产管理服务团队不多，队伍建设尚不专业、完善，从业人员知识不全面。在利益一致性上也很难与资产所有人保持长期一致。房地产资产管理在房地产业务中占比很小，不能使房地产资产管理对市场资源分配结构的重要作用得到利用。

第四节　房地产资产管理运行机理

一、我国房地产资产管理运行机理

我国房地产资产管理主要以处理房地产不良资产为主。我国房地产资产管理的运行机理主要分投资阶段和退出处置阶段。投资阶段主要分信息获取、信息分析、方案设计三个阶段。退出处置阶段主要有退出方案设计，退出合作公司选择，退出方案实施等。

（一）我国房地产资产管理中的投资阶段

我国目前房地产资产管理中投资阶段决定着房地产资产管理项目的成败，是将资金转换成房地产资产的过程。投资阶段分几个阶段：①信息获取，②信息分析，③收购方案设计实施。

1. 信息获取

我国房地产资产管理当前的主要业务为不良资产处置，我们处置的房地产不良资产的标的，主要是金融机构的抵押物，含土地、在建工程、成品；由于各种经济行为产生的诉讼而导致执行阶段的资产；国企、央企及大企业为了业务转型剥离的非主业的房地产资产。当前的我国资产管理的标的主要来源于金融机构的不良资产、法院的拍卖、国企业务转型通过产权交易所需要处置的房地产资产。

2. 信息分析

我国资产管理中处理房地产资产项目要获得最准确的基本信息。基本信息涉及土地的性质、规划用途、建筑面积及功能、建筑物的产权性质，相关的权利人有债权债务人、相关合作方、实际使用者，以及股东结构组成和股东之间的状态和诉求。由于我国金融体系发展不完善，我国企业在经营时，当房地产资产作为担保物的企业贷款出现逾期时，金融机构会收缩贷款，会使企业资金恶化，进而其他金融机构也不敢再提供新的流动贷款，其他合作商减少同企业的资金往来。金融机构为了保全自己权利，会冻结企业资产和账户，使企业彻底破产，低价拍卖企业的资产，企业未获得合理的资产价格，也会导致房地产资产交接困难，进而客户的购买意愿下降，价格再次降低。导致金融机构未能完全收回信贷金额。客户购买的资产价格很低，评估值下降，几乎失去融资功能，且同原企业之间的矛盾不断加深，必须通过强制机构才能履行义务，时间周期延长，净资本金收益下降。社会矛盾激增。所以一旦形成不良资产，相关方没有赢家。在信息分析阶段要找出相关的诉求平衡点，和对方约束方案。房地产资产出现不良状态，基本上是利益相关方不能达成一致意见，或没有能力实施，其中有些是资金问题，有些是大股东侵害小股东利益，有些是小股东侵害大股东利益。通过沟通研究要提出各方的核心痛点、诉求点、约束点。为设计方案做准备。

3. 收购方案设计实施

收购方案的原则一定将所有影响方案执行的权利人利益考虑完善，有不确定因素一定要有人负责且具有可实施性。在资金出去时一定有资产权利获得，且资产权利大于资金权利。在处置过程中所有相关方都应该让渡相应的权利，可以用结束后的利益去平衡。在实施过程不能继续进行的，要有相应的补偿措施。考虑通过交易结构的设计运用杠杆。由于房地产资产涉及的因素很多，定价不透明，所以金融机构的不良房地产资产卖给国有资产管理公司可以避免法律和经济风险，同时限制民营资产公司进入，进而导致资产处置的价格越来越低，进而导致民营机构介入金融机构中不良资产处置业务的难度越来越大。一般金融机构将不良资产先卖给国有资产管理公司，民营类资产管理公司再从国有资产管理公司中将不良资产买过来，再进行处置，或民营类资产管理公司直接为国有资产管理公司服务。涉及比较大宗交易时，国有资产管理公司作为有竞争的买方先将资产收购过来，再找外包服务单位处置或溢价卖给其他资产管理公司，或直接溢价卖给原债权人。

（二）我国房地产资产管理的退出阶段

我国目前房地产资产管理中退出阶段是决定房地产资产管理能周而复始无限循环的关键，是将房地产资产转换成资金的过程。退出阶段一般分三个阶段。①目标客户，退出原则；②目标公司选择；目标公司筛选，目标公司洽谈；③退出实施：原则，注意事项：

1. 退出的目标合作公司

房地产资产管理项目通过投资阶段的处理，已经将房地产不良资产变成了合格的房地产资产，在市场中有很好的流动性。房地产资产管理退出阶段寻找可以将房地产资产价值最大化的客户，用于房地产资产的使用或二次开发，进而获得最好的价格。退出阶段的客户目标选择和投资阶段标的资产项目选择是相辅相成的。

2. 目标公司选择

确定好了目标合作公司类型，要通过市场化的手段来寻找区域内最有竞争力的企业，市场化程度高的公司，流程规范，效率高，履约具有可靠性，可以单项和打包转让资产，通过提高周转速度适度让利收益，最终获得高净资本收益率。

3. 退出实施

坚持资产和资金的权利相当原则，对于不能正常履约的业务，迅速调整，以快速处理为原则。我国房地产资产管理中有很大的风险，当前房地产资产管理人员专业水平不高，不能解决所有的风险，更不敢再投入新的资金来提升现有房地产资产管理价值，高于买入价卖出即可。我国房地产资产管理公司将资产分类退出一般有三种形式：①不良资产不改变现状直接整个出售，做通道业务。②不良资产分拆销售，将优质资产以市场价卖出，基本上能收回成本和获得部分利润，剩余的资产低价卖掉。③将不良资产投入最小资金使之达到正常资产，正常价格退出。

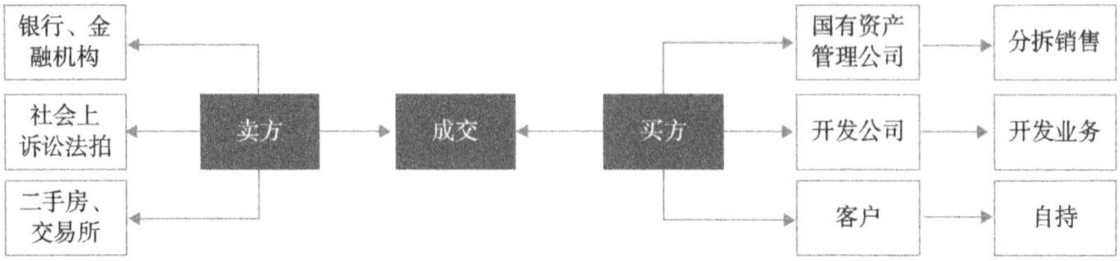

图 4-1　我国资产管理运行机理图

二、我国房地产资产管理的实例

（一）我国房地产资产管理以政府为主导案例一

基本情况：在实践过程中，某市一个房地产烂尾项目。该项目原为新民居项目（未交土地出让金，无土地证，后期无房产证），居民在开发过程中以 3000 均价向开发商共计交付 20% 房款约 7000 万，但由于开发商违规挪用资金，导致资金链断裂，留下仅完成结构的 12 栋住宅，12 万平方米地上，4 万平方米地下总建筑面积 16 万平方米，房屋迟迟无法交付，涉及的 1200 户村民经常到政府上访。同时，该项目还涉及高息借贷、拖欠建筑商工程款等 8000 万债务问题。账面资产 1 亿元，在建工程资产评估 1.5 亿元。

情况分析：该类型房地产项目为重资产开发项目，由于开发商资金不足导致烂尾。新民居项目一般使用于集体土地上开发的小产权房，房子只有集体产权，原则上只能村民购买，不能贷款，没有产权。由于开发商资金不足，前期低于成本价售房，且违规挪用资金，导致资金链断裂，出现烂尾状态。开发商挪用资金如不能尽快解决将涉及刑事案件，开发商继续投入没有能力；客户希望能尽快入住，可以补交剩余房款，但不再信任开发商，并希望按原价格购买房产。政府为了社会稳定希望尽快将问题处理。经多方协商，政府同意补交土地出让金变更规划将新民居项目变为商品房。购房客户同意以每平方米 6000 元的价格购买商品房，退房的按实际交款金额 12% 年化利率支付利息。

资产处理方案：我们首先跟当地政府确定合作关系，明确以解决纠纷、盘活资产的目的，获得政府支持，以 1 元的价格购买该开发公司 70% 的股权。所有投入资金按 12% 计算利息。由房地产资产管理公司充当中间商角色，负责处理与地方各个债务人、购房人的关系，梳理清具体债务金额和购房款项问题，约定履约时间和节点。以 1 亿元的价格补交土地出让金及配套费用，办理土地证、用地规划、建筑规划、开工证、预售证。提供购房者正规的购房凭据和证件，让购房者买房更加放心，解决了房产后期流动性问题，同时提高市场价格，让购房者选择是继续补缴资金购买还是退出。政府充当监管机构，居民购房款项，由政府统一收取并监管。支付建筑商和民间借款人 5000 万保证项目正常进行。按工程进度支付建筑工程费用，达到符合交房标准后交付购房者。土地出让金及配套费 1 亿元，建筑成本 3 亿元，销售收入 7 亿元，营业税费 1 亿元。项目核算完将开发企业股权转让给原开发企业股东。后续交房，物业管理由原开发商继续进行。

（二）我国房地产资产管理以金融机构为主导实例二

项目基本情况：河北某县纤维素厂（简称纤维素厂）主要生产工业用纤维素，是一家工业制造企业，占地 40000 平方米，位置临近县城，周边 1 千米内有住宅开发项目。钢结构厂房 10000 平方米，机械设备若干，账面资产 1800 万，有息负债约 5000 万（其中工业厂房和土地贷款 2000 万，股东及相关人房产贷款 3000 万。年销售额为 8000 万，略有盈余。由于环保问题限产，现金流出现问题；由于银行贷款政策紧缩，要减少贷款规模，企业不能归还本金，本金逾期，利息欠息状态。银行进入起诉流程。

情况分析。银行方：银行起诉纤维素厂要求还款 5000 万，诉讼胜诉没有问题，在执行阶段，工厂找不到买家，同时在地方上，本地买家不愿意买熟悉人的法拍资产，外地买家不敢买；个人房产买家容易找到，但交接房屋不顺利，会产生社会问题，导致执行放缓。最终实际完全收回贷款难度很大，周期很长。纤维素厂：一旦被起诉到执行阶段，企业破产，自己及相关人的个人房产都在处置行列，几乎不会有翻身可能。双方都有积极处理相关事项的动力，希望房地产资产管理介入。

交易方案。房地产资产管理以 3000 万购买 40000 平方米土地，钢结构厂房和设备于 6 个月内搬离厂区。纤维素厂归还 2500 万银行贷款，500 万用于新厂建设。银行收到 2500 万贷款，以个人房产贷款 2500 万，罚息及逾期违约金减免。房地产资产管理公司、银行和纤维素厂签订三方合同建立共管账户。房地产资产管理公司将 3000 万打入共管账户，银行将土地解压，纤维素厂将土地过户给资产管理公司，2000 万解冻支付给银行；纤维素厂将土地交接给资产管理公司，1000 万共管，500 万付银行，另 500 万付纤维素厂。

资产处置方案。由于土地临近县城，土地用途考虑开发用地。首先跟县规划部门沟通土地使用性质可以变为住宅兼商业用地。土地可以进行收储，相应拆迁补偿费用 5000 万。市场价挂牌。7500 万起拍，土地拍卖成交后将拆迁补偿款支付给土地方。根据周边拆迁补偿标准，应该在 8000 万左右。拆迁补偿未能达成一致。经多次协商沟通，通过各种程序，最终以 8000 万价格拍的土地，获得 5000 万的补偿金。通过跟其他房地产开发公司协商最终以 8000 万的资金净得加 30% 的股权的合作方式，退出实际经营业务。

三、我国房地产资产具体管理与一般房地产资产管理的比较

（一）我国房地产资产管理与一般房地产资产管理的相同点

我国房地产资产管理中不良资产处置业务同一般房地产资产管理中相同。其中投资和退出两个功能和作用相同。资产的处置方、房地产资产管理方、最终买受人角色相同。都是从资金转变成资产，再由资产转变成资

金的过程。都涉及多个合作单位。房地产资产管理的功能和作用相同，化解风险，提供流动性。

（二）我国房地产资产管理和一般房地产资产管理的不同点

我国主要房地产资产管理公司性质不同，设立不同。我国房地产资产管理公司主要为三类：一类是四大资产管理公司“长城”“东方”“信达”“华融”，他们主要服务于工农中建四大行和国企改革。第二类地方性国有资产管理公司，主要服务于城商行，地方融资平台。第三类民营资产管理公司业务量很小，主要以服务类资产管理为主。

我国房地产资产管理的目的不同。我国房地产资产管理主要以不良资产处置为主，对不良资产进行技术上处理，分开或集中处置。一般房地产资产管理以价值提升为目的。

我国房地产资产管理资金来源和一般房地产资产管理不同，我国房地产资产管理的资金来源主要是企业自有资金，在投资过程中几乎没有融资功能。一般房地产资产管理融资阶段是一个成熟的金融市场，根据风险和收益的不同，提供多种金融产品。

我国房地产资产管理的退出环节与房地产资产管理不同，我国房地产资产管理的退出比较单一，需要房地产开发企业做退出通道。一般房地产资产管埋退出更扁平化，既可以和房地产公司是上下游关系，也可以是竞争关系。细分的行业用户是一般房地产管理的主要退出客户。如酒店、商场等。

第五节　目前我国房地产资产管理存在的问题和原因

在我国高屋建瓴的宏观把控与积极政策引导下，形成了多方主体参与的房地产综合治理格局，在增量供给、投资融资、保值增值以及共享共建方面取得非常显著的成效，房地产市场在经过火热抑或严冬的动荡之后逐步走向平稳复苏，但房地产市场常滞后于社会经济发展趋势是不争的事实，房地产市场资产管理的探索还需“摸着石头过河”。房地产金融在金融服务领域崭露头角，逐渐实现了由润滑剂变化为能量源、由杠杆升级为主导的转变，而基于房地产产品的属性抑或住宅的功能出发，如房地产市场过分受金融绑架，将出现有的专家所预言的那样“金融操作一切的最后结果就是好坏都由金融说了算，地产将败给金融”。那么在“存量时代+城市更新”的机遇下，如何真正用金融理念和市场机制服务房地产建设、保障住房需求、繁荣产业经济就应认清现阶段我国房地产市场资产管理所存在的现实问题，继而挖掘其深层次的原因，使“房地产资产管理”作为既独立又集合的一股力量，服务住房保障、资产管理。

一、房地产市场资产管理存在的问题

（一）房地产资产管理增值效益较低

房地产进行资产管理的初衷就是尽可能地凸显房地产的商品属性的增值效益，且通过市场平台和机制攫取额外压缩利润，由此“增值”成为房地产资产管理的核心要义。而事实上，从我们梳理取得业绩的成果来看，虽然房地产资产管理业务在住宅、工业、商业、公共住房等不同类型的房地产市场中如火如荼地进行着，但不可忽视的是“虚胖”的外表下孱弱的“心脏”造血、输血功能，即房地产资产管理增值效果不明显。再结合现阶段乃至中长期将面临的挑战和束缚，房地产资产管理这一“增值”诉求难的弊端将持续存在，有待进行结构性和制度性的重组而寻找突破。那么，房地产资产管理增值效果不明显主要从收益和成本两方面来分析：

1. 房地产资产管理收益性不足

首先，我国房地产资产管理公司以银行和财务经济体为主，该类机构主体风险偏好低，追求稳定和较安全的非高收益。其次，房地产资产管理的管理对象结构中不良资产占比较重，标的物的流入渠道是银行等金融机构的不良资产、社会上的法拍以及产权交易所，故标的的权利人以国企为主，房地产资产管理的目的是止损而非收益最大化。最后，资产管理只是以剥离不良资产为主，主要是对资产重新定价，非价值提升，收购不良资产业务后一般为通道业务，持有价值增值的比例不高。

2. 房地产资产管理交易成本过高

房地产资产管理中国有资产管理公司以处置金融机构抵押类不良资产为主，市场交易不透明，易诱导寻租等不公平的现象产生，增加额外的交易成本；再加上房地产资产管理交易周期长，且交易方式以法院拍卖和交易所挂牌交易为主，需要以全部付款和先行垫付的形式购买整个转移过来的资产，故造成资产管理公司前期的融资成本压力剧增，由融资需求而产生的各种融资成本也将构成房地产资产管理业务的交易成本。

（二）房地产资产管理业务系统有缺陷

一个完整的资产管理投资周期包含融投管退四大环节，是一个多维互动的联系系统（如图 4–2 所示），包括在融资时，考虑及建议最佳融资方案、避免不合理的利息支出、还贷条款的设置等；投资阶段，资产管理者需要协助资产拥有人或投资者预测及判断项目的应有价值以及预估和规避投资周期可能出现的风险；营运时，建议精准预算和完善营运策略，考虑如何进行招商推广及租赁管理、合理使用营运成本，并做出适时的资产保值及增值的资本化工作，使收益最大化；退出环节，不时思考处置资产的方法、择机退出。也就是在进行房地产资产管理时需要提供贯彻资产管理从始至终每一环节的专业服务，建立一个房地产资产管理全周期平台。但目前房地产资产系统管理环节不完善，在融资环节和价值提升的管理环节缺失，在投资和退出环节不能以市场化运作，导致市场失衡。一方面局部地区面临着存量巨大、同质化严重的情况，另一方面有些企业买不到项目或项目价格过高。缺乏一套完善的资产管理体系。

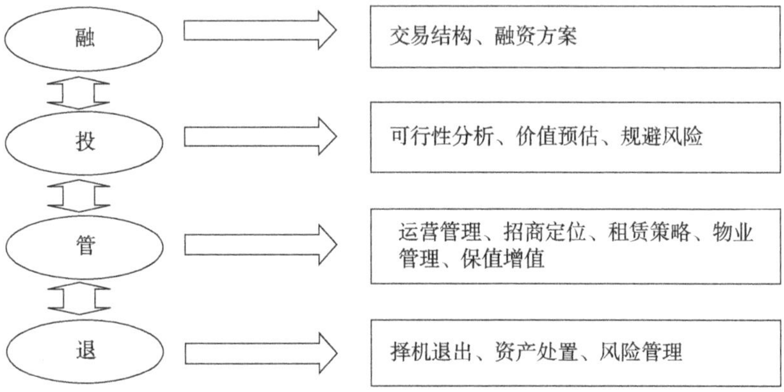

图 4–2　房地产资产管理业务系统图

（三）房地产资产管理队伍建设不专业

目前，我国房地产资产管理的服务团队不多，主要还是以产权人自己管理资产为主，专业化的团队管理和团队建设并没有形成示范效应。由于专业管理团队的缺位和相关业务人员的“本领短缺”以及“知识漏洞”，我国房地产资产管理的专业化程度不高，抗风险能力弱，不敢处理过于复杂的房地产资产管理的案子，而且我国房地产资产管理团队无法长久地和房产所有人的利益保持一致，也是房地产资产管理队伍建设有待突破的重要课题。

二、针对现存问题的原因探究

（一）我国房地产资产管理难以做到存量与增量平衡，使房地产价格脱离价值

中国的房地产行业起步较晚，发展缓慢，自 20 世纪以来，我国开始正式对房地产行业加紧建设，由福利分房向住房分配货币化转变以来，我

国的房地产行业开始进入市场竞争阶段，总的来讲，这一阶段发展较为自由，市场处于供需几乎平衡状态。然而，随着社会的不断发展，造成各行各业发展都比较迅速，其中就包括房地产行业，房地产的迅速发展不仅拉动我国 GDP 增长的水平，同时，也使市场变得繁荣。在没有真正了解房地产运行的内在规律以及与经济之间的传导机制的情况下。市场经济和金融体系不发达，将直接导致政策的稳定性不足及市场发展失序的状况。

我国房地产行业属于典型的寡头垄断市场类型。在房地产的开发过程中，土地是最基本的组成元素，没有土地的基础，后面的一切工程都将无法实施，因此，土地在房地产建设过程中起着重要的作用。然而，土地的使用和支配受到国家的管制，国家拥有对所有土地的使用权，具有很强的垄断权力。一般而言，国家都会从宏观层面分析问题，调整土地规划，合理控制土地的开发和使用，维持供需的平衡。由于我国对土地财政的依赖，土地价格不断被推高。

与增量市场相对比，房地产存量市场的自由度更高，受限制更少，属于典型的自由竞争模式。在此种模式下，房主和购买者大都不是聚集在一起，而是分布在各个地方，所以说，房地产存量市场的竞争力要比增量市场大，但是，存量市场一般拥有很多的产品提供商，例如房地产经纪公司、互联网信息平台。主要对有差别的同种住房商品进行售卖。自由市场体制下，不同企业之间的竞争力较大，垄断现象少，相对来说，市场的规范性比较好。

在我国，房地产增量市场和存量市场两者之间存在严重的不均衡现象。两者均具有自己的市场竞争体制，之间联系不大。购房者在购买房子时，新房和旧房之间存在着某种替代关系：当新房价格高时，业主会比较倾向于购买旧房；然而，当新房价格低时，毋庸置疑，业主会转变市场倾向，购买新房。这种替代体制的存在使得房地产始终处于有效的运行状态，维持市场价格的平衡，减少市场的波动。如今，在国内，增量市场在我国的土地制度中仍处于垄断的阶段，基本上是波动式上升过程，并没有按照供求关系，围绕着价值做价格波动。由于存量和增量在使用功能上存在替代性，所以我国房地产存量市场也一直处于不合理上升阶段。我国房地产资产管理还处于卖方市场资源垄断的时期。谁能拿到低价土地、便宜的资产，直接就能变现，就能获得巨额收益。

（二）房地产资产管理不注重价值提升

地产开发的黄金10年已经过去，在维持原业务稳健发展的前提下，各大开发商都在积极拓展与地产趋势相契合的业务机会，而我国房地产也正处于高速上升的阶段，未来发展前景乐观，开发潜力巨大，但是，现如今，我国房地产行业仍然采用简单粗暴的运行模式，严重制约我国房地产的发展。

房地产需求旺盛，供不应求，房地产资产发展注重速度忽略质量，金融机构房地产不良资产大量出现，房地产资产管理公司不需要价值提升即可以获得可观收益。由于客户资金有限，房地产业中以刚需和改善为主的购房者为主，他们需要首付贷款买房或卖掉小面积的存量更换改善性住房，总体来说住房的品质生活需求和投资需求还没有大量到来。存量资金主导的市场，更多的是刚需和改善性需求，不存在投资性需求。刚需和改善均是为了满足购房者的基本居住需求，品质生活需求需要房地产的资产价值提升，投资性体现了房屋的投资属性，没有投资性需求，房地产市场难形成趋势，市场并不活跃，所以我国房地产资产管理不注重价值提升。

（三）房地产资产管理相关配套制度及措施不完善

1. 缺乏市场准入标准相关制定

房地产存量市场的建设有赖于房地产资产管理相关配套制度的支持和推动。我国房地产一直采用传统的经营模式，经过多年的发展和经营，我国房地产积累的资产总量已经高达400亿平方米，并且还没有将农村地区计算在内，这个数字令人惊讶。短短数年，我国房地产资产管理市场就已经积累了如此多的资产存量，可以说是我国存量资产市场最先进和最超前的代表。除此之外，各大资产管理者也越来越关注资产的增值情况，迫切渴望资产增值的发生。房地产存量市场的巨大性，吸引着众多知名房地产管理公司前来交流合作，美国铁狮门房地产资产管理公司（Tishman Speyer Properties）、德国 Rolf Koenig 公司等众多企业已经走进中国，与我国房地产存量市场达成协议，共同合作发展，开办业务。然而，因为我国相关政策对房地产行业的约束和限制，致使很多西方企业在我国发展困难，难以有大的作为。目前为止，他们企业的业务仅停留在一些比较简单基础的阶段，无法参与我国房地产核心业务中来，这对国内企业而言，具有很大的发展空间和挑战空间。

2. 法律制度和监督机制供给不足

由于我国房地产资产管理起步晚，发展落后，专业的法律和监督机制不足对房地产和金融机构的监督要建立法律制度。在推动我国房地产市场发展的过程中，关键因素为两点，例如 1988 年通过的《宪法》修正案和《中华人民共和国土地管理法》、1998 年国务院下发的《关于进一步深化城镇住房制度改革加快住房建设的通知》、2002 年出台的《招标拍卖挂牌出让国有土地使用权规定》和 2007 年通过的《中华人民共和国物权法》修正案，就好像阶梯一样，层层深入，逐步完善，使房地产市场尽可能地完善。

我国房地产高速向前发展的原因是市场的不断改革和创新。这导致我国的法律制度和监督机制不能随时跟上时代步伐。从宏观层面看，时段不同，区域不同，都会对我国房地产资产管理法律建设产生不同程度的影响。除此之外，本篇文章中，深入分析 2003 年以来我国房地产发展情况，并吸取经验，从宏观调控的层面，总结房地产发展规律，给出指导意见，不断完善法律制度和监督作用。

第五章　国外房地产资产管理比较研究

房地产资产管理起源于海外，经历了近半个世纪的历程。20世纪50年代，国外房地产行业以自住型需求为主导，房地产作为固定资产，还没有产生通过持有运营增加收益的概念。进入六七十年代，有房企开始考虑如何保留部分资产带来稳定的租金收益？他们看到了房地产作为资产属性的保值增值作用，之后有以房地产为主要内容的基金开始进入市场。随后的80年代是房地产基金蓬勃发展的时期，该阶段的显著特征是一大批大型房地产企业、投资机构和主流基金兴起壮大，包括凯雷投资集团、黑石集团、新加坡政府投资公司等，并且拓展到世界范围内进行房地产投资运营。21世纪，经济发展的新事态下，多维市场繁荣加金融工具融合的理念演进及方式创新，使得房地产资产管理越发成为资产所有人对有形的房地产资产这一标的资产进行科学管理的方式，房地产管理进入发展蓬勃期。

第一节　美国的房地产资产管理

一、美国房地产资产管理的基本概况

在美国，随着外部社会环境的不断变化，房地产资产管理体系也处于不断的变化过程中，我们可以从房地产发展政策供给和房地产市场自发形成完善的角度，对美国房地产行业进行分析和总结，总结其发展规律，吸收经验。

在发展前期，美国主要以互助的形式进行住房融资，和其他西方

国家相似，单一的运行体制满足不了社会发展的需要。一个来自英国的融资形式进入市场，在当时，这种融资形式被称为“暂时互助建房社团（TBS）”，主要是将社团中的人力统一集中起来，共同出资，建造房屋，这个融资方式最大的特点就在于它的暂时性，即短时间存在，一旦房屋建设完毕，这个群体将不再存在。经过不断的改革与发展，到20世纪20年代初期，房地产行业采取储蓄借贷的形式进行融资，这种方式的主要特点如下：一是银行储蓄存款是其主要资金来源；二是可借贷金额较少，贷款期限和用途不匹配。

在房地产发展过程中，最大的瓶颈就是遇到经济大萧条现象，这几乎成为整个金融行业的诟病，也决定了美国房地产行业以后的发展动向。美国的经济大萧条时期，房地产行业受到重创，短时间内难以恢复。20世纪30年代，一半以上的住房贷款出现信用危机，每一天，都会有上千套房子被强制拍卖。为了改善这种现状，美国政府采取了一系列补救措施，降低人们的住房风险。到新政期间，美国经济开始复苏，尤其是第二次世界大战结束后，大量的士兵回乡种田，建造房舍，拉动美国房地产行业取得历史性的突破。

综上分析，我们已经对美国房地产资产管理的模式有了一个大致的认识，刚开始的时候，美国采用的是比较传统的管理模式，这种管理模式封闭性较高，随着REITs、IPO逐渐走入市场，UPREIT模式已经成为时下最盛行的经营模式，受到业内各大企业的青睐。起始阶段，美国REITs通过特定的房地产管理公司，对企业的资产进行管理审核，随着时间的发展，由于双方利益上的冲突，REITs集团不再委托专门的机构进行资产的管理，而是企业内部自行进行管理。在亚洲，由于受到REITs机构的影响，很多企业效仿REITs机构，进行资产管理，同时，在模仿过程中，美国REITs的主要特征仍然被保留下来。

二、美国房地产资产管理的成功做法

通过对美国房地产的历史进行总结分析，我们可以发现，在美国房地产的发展过程中，其主要影响因素有两个：其一是金融体系的发展，罗斯福新政期间，美国经济复苏，随着新金融体系的确立，房地产行业也确立了新的发展框架；其二是国家政府发挥作用，第二次世界大战后，“居者有其屋”理念深入人心，各届政府都会积极鼓励居民拥有自己的住房，因此，在二者的推动下，美国的房地产行业发展迅速，现代化金融体系完备，促进两者深度融合，反过来对房地产行业和金融体系进一步促进。同时对其他行业也产生重大的影响。

（一）力推房地产资产证券化

资产证券化（Asset Securitization），简单来说，就是用未来现金流量作为代价进行融资活动。最初的资产证券化用于美国的住房贷款，称为住房抵押贷款支持证券（RMBS，Residential Mortgage-Backed Securi-ties）。筹资者将住房作为抵押物，从而从银行获得资金，用未来的现金流收入作为还款来源。这种融资方式的优点在于加大社会资产和资金的流通，有效利用资产和资金资源，促进经济发展。从美国出现第一张证券以来，资产证券就以迅雷不及掩耳之势迅速在美国其他行业开展起来，影响深远。现如今，美国市场的固定资产收入都是由证券提供，不仅稳定市场运行，而且促进市场资金流通。

（二）创新房地产信托投资

美国 REITs 机构的发展前身就是马萨诸塞商业信托，19 世纪以来，美国各大城市都有马萨诸塞商业信托的影子。波士顿本人以财产信托为标志，加快企业的资金流动。为了打破法律对企业公司不动产的规定，波士顿特意采取信托的方式进行企业的资产管理。之后，个人信托所发展称为不动产资金组织。第二次世界大战之后，随着美国经济的不断复苏，由于信托方式的便捷，20 世纪 90 年代末，美国颁布实施了《国内税收法》，文件中明确规定房地产信托以公司形式的基本要求和规范，随后，美国国会通过《REIT 现代化法案》，这也就意味着新型金融投资工具的诞生。众所周知，传统的房地产行业资金的流通性很差，而新型的金融投资方式刚好解决了这个问题，并且准许上市交易，例如，20 世纪 60 年代的时候，美国有 2 家 REITs 已经成功上市。之后，美国法律降低标准，准许成立抵押型 REITs 和混合型 REITs，这些做法很大程度上促进了美国经济的发展。到后来，美国 REITs 发展迅速，增长速度快。但是，在美国经济大萧条时期，美国 REITs 的效益下降很多，受到的影响较大，一度陷入谷底。1980 年之后，美国加大了对资产管理的改革力度，通过的《税收改革法案》文件中降低了对 REITs 的管制，因此，很多企业趁机开始大力建立 REITs，获得经济收益。美国的 REITs 市值直线上升，从 1990 年开始，一直到现在，REITs 的市值翻了一番又一番，增长速度 77 倍。到 2015 年底，美国的上市公司中 REITs 的数量达到近 300 家，占全球总量的一半以上。

三、美国房地产资产管理存在的问题

在大资管融合发展的背景下，美国以其较为成熟的市场经济体制以及多样的金融创新工具为依托，掀起了房地产领域的“资产管理热”，使房地产在投、融、管、退的各环节都能通过大众竞争来参与成果分享。在房地产行业和资产管理行业不断深化的发展进程中，还需审视以下存在的不足之处。

（一）严格监管不利于金融创新

对于房地产资产管理方面，美国采用的是伞形监管模式，以联邦政府和州政府作为核心，对金融行业进行监管，同时，下设很多监管机构，各个监管机构负责不同的金融服务。20 世纪末，美国通过《金融服务现代化法》，法规规定，在美国原有的基础上，设立很多的监管机制，例如货币管理所，证券交易所等，分别对金融业务进行不同程度的监管。如果信托公司负责的是银行，那么就要按照银行的相关规定进行实施；如果信托部门负责的是信托业务，那么就要按照信托部门的规定进行实施，总之，公司负责哪个行业的业务，就要按照该行业的规定去做，伞式管理机构针对不同的业务，会有对应的部分负责，同时，还具有统一的风险防范机构。但是，这种的缺点在于监管部门思考问题的角度不同，造成监管结论的不一致，不利于金融机构的横向创新。

（二）房地产资产证券化风险较大

虽然资产证券化有点突出，但是对于它的未来发展，也存在着很多的挑战。相比较而言，美国的资产证券业务发展成熟，市场体制建设完善。然而，在 2007 年，次贷危机的出现，证明美国的证券管理体系仍然存在弊端，亟待改革。为了加快经济的发展，美国盲目引入大量的高收益次级信用的资产证券化产品进入市场，吸引大量资金的入场。短期来看，这是一种好的方式，但是很快，当市场发展到一定程度时，有些问题就会浮出水面，房地产行业也是如此，宏观市场出现转折后，房屋的价格出现暴跌，很多贷款人失去其偿还债务的能力，违约现象剧增，金融市场风险上升。这一变化也直接影响到其他行业的发展，导致其他行业危机的出现，波及范围广。利益双方不是通过及时采取措施，控制风险蔓延，相反，他们通过将风险转移给其他的行业，来获得暂时的安定，这种不良的解决措施，导致终极风险的爆发。

第二节　德国的房地产资产管理

一、德国房地产资产管理的基本概况

德国是老牌的资本主义国家，在社会经济建设方面奉行“中间道路”原则，也就是所谓的社会市场经济，即由政府宏观掌控市场原则并对其加以监督、调控和规范，还以直接投资的方式来对社会公共利益加以维护，以此实现诸如公共资源配置合理化、社会基础设施建设完善化、产业导向科学化等既定目标。在房地产和住房保障建设方面兼顾了公平和效率，有较为成熟的市场配给机制和有效的政府管控手段。尽管欧洲国家的失业率和 GDP 增长表现不一，但从整个欧洲大陆的不动产基本面来看，经济增长步伐正在加快，西欧已经显现出全面复苏的势头，大部分主要市场都展现出积极向上的基本面。近年来，德国房地产市场的交投活跃，反映出德国对于国内和海外资本来说仍具有较大的吸引力。

据悉，德国十年最低房贷利率已跌破 0.8%，但另一方面的事实是：在利率持续走低的同时，德国的房价也在不断上涨。2017 年上半年，德国房屋价格同比增长超过了 5%，而一些热门大城市的涨幅还要更高。例如在 2017 年第二、第三季度，美因河畔法兰克福已建公寓的价格涨幅达到了近 19%。在德国前首都、莱茵河畔的波恩，一处 2017 年下半年交工的新楼盘只剩下了最后一套，总价近 50 万欧元，每平方米的售价近 4000 欧元。据德国房地产门户网站统计，这对比三年前类似地段的楼盘，每平方米均价上涨了近 1300 欧元。根据市场预测估计，未来还将有更多的投资者参与德国房地产市场，因为“市场供给越来越紧缺了”。如此，一些金融分析师认为，德国房地产市场已经出现了过热迹象，中期内市场发生大幅调整的风险随之增加。在此，我们不深究德国的房地产政策和经济发展的演变路径，旨在立足德国的基本现实状态了解其在日益深化和复杂的金融环境下如何创新住房金融方式，适时发展房地产市场资产管理业务，深化金融服务。

二、德国房地产资产管理的成功做法

通过文献阅读及资料搜寻，将从三个方面概括德国在房地产市场资产管理中比较有益又较为特色的做法。

（一）专业化的机构管理运作模式

“德国制造”是德国的标志性名片，代表着一种工匠精神，有专注、标准、精确、完美、秩序、厚实六大精神内核，换言之也可以理解为一种“专业至上”的专业化精神，这种专业化体现在德国的制造业、金融业、服务业等各行各业中，在房地产和金融业相结合的房地产资产管理方面更突出其“独领风骚”的作用。德国专业化的房地产资产管理公司数量众多且规模较大，得益于其较为成熟的市场经济和较为宽容的市场准入政策，对于众多的专业房地产资产管理公司，囿于篇幅和研究重点的侧重而不可俱全，以德国的 Rolf Koenig 房地产资产管理公司为例，了解专业化的公司运行模式在德国房地产资产管理领域如何施展。

Rolf Koenig 有长达 15 年的国际房地产市场运作经验，并在存量房地产的资源开发和销售方面取得重大成功，针对该项目提出了诸多切实可行的经营和销售设想。Rolf Koenig 企业除了进一步优化其租赁结构使其保持优势性，还需要在融资方式和渠道的建设方面发力，因为资本是企业设想得以实现不可缺少的物质保障，简言之即确保与融资方的长效合作、互利共赢关系。其首要工作是对房地产项目开发的机会和所将面临的风险进行详尽准确的调查和预测，并由此制定切实可行的项目落实方案，当然，在其后期发展过程中对项目发展起决定性作用的还是市场和环境，需要时时观测市场并及时调整修正。

Rolf Koenig 经营特色还在于其跨学科性，该公司能够提供全方位、多层次的房地产经纪项目定位服务。主要表现为在提供专业咨询服务的同时还能根据项目特征帮助客户分析地产新建与改建利弊，从而找到行之有效的对策。到目前为止，很多客户慕名而来。一方面是出于对其专业解答的吸引，另一方面也是希望在 Rolf Koenig 的帮助下寻得优良资产或者实现资产高效率组合，以取得更大效益。

除此之外，由于政府部门对城市住宅建筑的高度重视和较高的政策及资金支持力度，在城市规划和开发过程中积极配合，联邦政府在许多城市的多家住宅和城市建设公司里同时拥有股份，现阶段的德国联邦政府同时也是多家地产公司的所有者，各地方政府也大多有自己所经营管理的房地产资产管理公司及上下游相关联服务的公司。

（二）通用法规与专门立法相结合

德国在 20 世纪之初就建立起了近代法的完整体系，并成为典型的大陆法系国家，“法制国家”是德国另一张可以骄傲的名片。在公私合作共建方面，法制化的德国有其非常完善的套用法规以及独立特殊的专门立法，编织起的法制网络很好地保障了各种参与主体的合法利益，且用法律的手段确定对弱势群体和公共利益的侧重考量。如能够得到政府投资的企业一定是要在商业行为中遵纪守法，以身作则，倡导公平有序竞争。且其公司实体的成立与运行等各个流程皆符合各项规定。国家关于该领域的立法分为联邦及各州预算法、私有化立法等的综合法律与专项法律，综合法律的规定有例如联邦预算法第 65 条就直接对政府投资原则做出了明确而详细的规定。私有化法规则主要是 2003 年颁布的《减少联邦参股投资规定》，这一规定的目的在于对适应市场开发、技术创新和竞争等的强调与重视，落实和保障私有制，具体的专项法律包括《电信法》《邮政法》《邮政服务法规》《邮政改制法》等有针对性的行业立法与法规。

在房地产资产管理领域中，德国宪法明确规定“德国是一个高福利国家”，与医疗一样，保障居民住房是联邦政府首要政策目标之一。这也是德国房地产政策的核心出发点。在房地产市场的各个方面，政府也都有严密的法律规定。因此，地方政府不敢通过抬高地价和房价来增加税收。任何扰乱房地产市场的行为都会面临严惩。法律法规还重在保障购房者或租户的合法权益。例如，法规中对租房合同和买卖合同都进行了详尽规定，对核算也有严格标准。此外，为防止住房租赁领域的非法行为，法规明确禁止转租行为，维护了全国住房租赁市场的良好秩序。

（三）政府通过监管实现间接管理

德国有完善的监察体系，而且政府一般对企业的具体经营管理处于放任状态，主要的管理方式是以投资比例为主要依据来派遣监事机构代为管理，也以此对企业的决定性事件和运转情况实时关注，还能以股东身份对企业大事行使决策权。在对房地产资产管理行业的监管方面，混业经营和分业监管相结合的“全能银行”式管理是德国现阶段普遍使用的管理方式，银行不仅拥有其原有金融功能，还作为监管机构对银行、证券、保险公司等金融产业实行监督职能，当然还需要制定对上述主体的监管制度与辅助实施作用。该监管模式凭借其权责明确、高度专业化的监管而被广泛认可和使用。直到 2012 年中后期，金融领域进行较大规模的创新和改革，相当部分的咨询业务走上正规化道路也表现出更加显著的金融混业趋势。

三、德国房地产资产管理存在的问题

德国相比美国来说，市场经济的开放融合程度相对较低，政府主导型的权威国家主张对社会公众事务进行适当的干预和调控。因房地产资产的双重属性，德国政府从始至终都没有缺位过，在房地产资产管理领域也是注入了相当程度的关切和支持，特别是在法律法规的供给以及市场秩序的维护中起到了“当仁不让”的责任担当，这也是德国房地产资产管理取得成功的不二法宝。在取得成绩的基础上寻找仍然存在的问题与不足，为了更加科学、全面地促进德国房地产资产管理深入发展。

（一）住宅市场的开发不够活跃

德国国内城市常住人口数量的增长很大程度上刺激了房地产市场的刚性需求，然而与之相左的是住宅开发的欠缺，如此的供求矛盾又加剧了租金水平。除了绝对数额的住宅需求，人均住宅面积需求和住宅附加（例如水、电、暖气等）的增长也是极为迅速的，故德国房地产资产管理的繁荣发展在“供给侧”有一定的限制。

（二）严厉的政策制约房地产资产管理进一步扩大

德国对房地产市场一直采取较为严厉的投机抑制政策，如贷款和融资的限制，从而使得一直深受投资者欢迎的风险较小、需求量大的房产，其成交量反而较小，另外，以房租营利为主要收入目标的“增值型标的”房产与以投机为主的“机会型标的”资产的需求也得不到满足。

（三）房地产资产管理机构融资压力大

在总结德国房地产资产管理的有效做法中，专业化的机构管理运行模式使我们“眼前一亮”，是名副其实的亮点工程。正是在专业化、规模化这一发展理念下，德国的大资产管理公司进一步扩大规模，小资产管理公司被淘汰的现象增多。而大的房地产资产管理机构往往受到本国或者国际金融机构的监管，甚至还要受到交易所的监管，多头和多重监管下，大的房地产资产管理机构在外面临较大的融资压力，在内面临较大的利润增长压力。如遇金融危机等系统风险大的冲击，将会造成很多房地产资产管理公司淘汰出局，不利于行业的分化和稳定。

第三节　日本的房地产资产管理

一、日本房地产资产管理的基本概况

2017年第二季度的日本经济年化增长率达到0.7%，比0.2%的初值大幅上调。这一增长得益于商业信心指数的回升，已经达到2014年4月消费税上调以来的最高水平。另外，就业市场持续偏紧，职位与求职者比率达到1.49，这是过去43年里的最高水平。但由于通胀仍然徘徊在低位，日本央行并没有改变其继续货币宽松政策的意愿。得益于东京和横滨沿海地区一系列大宗交易，日本的房地产交易量在2017年第一季度同比增长了51%。这也是因为预期价格上涨，业主“捂”房心态严重，导致2016年的日本房地产市场交易量的基数较低。而2017年上半年，日本J-REIT指数下跌了10%，应当已经令不少业主回到了交易市场中。走弱的日本J-REIT指数反映出全球投资者对利率上调影响的忧虑，而本国投资者则担心东京市中心未来几年写字楼供应会过剩。但实际上，东京的A级写字楼空置率在2017年一季度仅由于一些新建写字楼希望寻求更高的租金而小幅增长至4.2%，我们预计这些待租办公室将被逐渐消化。同时，B级写字楼空置率维持在2.1%左右的低位。在大阪，写字楼供应仍然十分紧张，A级写字楼空置率已降至1.1%以下，接下来也缺乏新供给入场。

二、日本房地产资产管理的成功做法

（一）组建房地产行业协会

日本的房地产经历了战后艰难期的缓慢，20世纪七八十年代黄金期的飞涨，90年代初期泡沫经济破裂后断崖式的崩溃，以及之后近30年的萎靡，可以说是跌宕起伏，历尽甘苦。因此而形成的各种法律法规，文深网

密。行业协会的规范详细，监管严格。从考察、房地产评估、签约销售到之后的维护管理，都由具有相关资格的从业人员来协助进行，确保了整个购房过程的清晰顺畅，服务周到全面。即使像我这样的外国籍销售人员，只要肯努力学习行业知识，也可以为客户提供真实、高效率、满意的服务。因为，客户提出的问题无论是房产知识，还是法律规定条文，又或是相关烦琐业务，都有据可查，即使出现一些特殊情况，也可以随时通过专业的行业协会的协调得到良好的解决。

（二）房地产基金运作方式

日本出现房地产基金相对较晚，在1992年以前日本国内房地产发展基本倚靠内部资金，发展情况较为保守，甚至直到20世纪80年代DCF的房地产价格评估方式依然不为日本人所知道。真正起变化是在20世纪90年代，当日本银行在泡沫经济破灭之时，大量坏账一下子涌现出来，这一期间银行一直在处理各种房地产抵押物，房价开始下降，这一时期的投行和基金都赚了很多。到90年代后期，日本在学习借鉴美国投资银行和基金的运作模式的基础上，将房地产基金正式引进国内市场，当然，早期的基金运转是通过不良债券实现的。其结构主要有两种：GK-TK结构和TMK结构，此二者的设计理念首先都是将大额投资加以分化来满足不同投资者的出资需求，还能够有效避免双重税务征收的问题，其次则是通过限定投资家的损失来进行有效的风险隔离，最后是贷款便易化。现阶段日本通过地产基金进行的地产交易多为信托收益而非实物交易，这样的交易方式一方面能够将交易过程中产生的税务负担最大限度地降低，另一方面所有交易皆由信托银行经手，各交易皆要接受各种严明的审查，程序化和制度化程度高，有利于保障信托的安全性。

三、日本房地产资产管理存在的问题

日本的经济发展阶段和演进轨迹与我国较为相似，都经历了“从低到高再到平稳”的历程，特别是在经济高速增长期结束、宽货币、僵尸企业占据资源、对美贸易顺差等宏观环境上存在诸多相似之处，在房地产及资产管理的微观方面也有住房贷款大量增加、土地价格的普遍上涨、劳动力不足导致潜在增长率下滑、本国货币流动性膨胀等相似因素。日本房地产资产管理能取得显著的成绩是其有效的做法和实际相结合而产生的“合力”作用，所以凸显的问题也是依本土产生而来的。

（一）房地产市场不健康

日本房地产资产管理存在的主要问题在于房地产价格虚涨，出现严重的“泡沫”，不利于房地产资产管理市场的正常有序发展。从历史演进过程看，房地产泡沫可以通过各种经济要素之间的不断调整而得以有效释放或挤出。在日本经济高速增长时期，伴随着城市化、产业结构升级、人口增长与迁移等因素的共同刺激，大城市房地产价格出现大幅度的上涨，并在一定程度上形成了房地产泡沫。高地价、高房价是各种经济要素发展不均衡的一种集中表现。在经济高速增长阶段，经济发展与投资增加、物价上涨、人口大量迁移、房地产价格高涨、收入增加等各种经济要素和经济现象之间虽然相互作用，相互影响，但这并不意味着经济构成要素之间必然是协调发展、同步提高的，其间必然伴随着各经济构成要素之间的发展不均衡。在战后日本经济高速增长过程中，伴随着快速工业化和城市化，大量人口涌向大城市，住宅紧张成为严重社会问题。

（二）房地产基金税收较重

在日本的税收制度下，公司型的 J-REIT 适用于公司税收制度，即必须缴纳约 37% 的公司税（需要注意的是 2012 年 4 月 1 日与 2015 年 3 月

31 日间开始的财年由于有额外的附加税，总税率达到 39%），但是作为税收透明实体（tax pay-through entity），J-REIT 的应税收入可以扣除分配红利再缴纳公司税。较高的房地产资产管理税收，增加了机构运行的成本压力和利润压缩，有待依社会经济的发展现状，适时调整基金发展所需要的政策指引，营造一个宽松和健康的市场环境、政策空间。

第四节　若干国家房地产资产管理比较与借鉴

一个国家所选择的政策方针都是符合自身客观基础及价值目标的权衡抉择。就像没有完全相同的两片叶子一样，每个国家的房地产资产管理都有其鲜明的特色，同样也有其弊端，不能用统一的尺度去衡量，且社会经济政策是随着社会发展的客观实际而动态发展的，故对政策的评估也有时效节点的要求。之所以可以做国际经验比较分析，就是把制度机制限定在同一现实水平，多维度、多方位、多方法地分析制度效益，继而总结提高，实现事物螺旋上升的“质”的突破。

一、房地产资产管理成功做法的比较

在国际经验分析中，我们深入了解了美国的复合金融创新以及 REITs 发展的经验，德国的专业化房地产资产管理公司运作、通用法规和专门立法相结合以及政府通过监督实现间接管理，日本逐渐房地产行业协会和实行房地产基金运作等有效的做法。之所以选择如上三个国家，原因是其房地产资产管理运作模式有鲜明的代表性意义。

（一）美国得益于成熟的市场环境

美国作为世界第一的经济强国，有非常成熟的市场机制，因此可以

创新多种多样的复合型房地产金融产品，用以满足房地产建设和购买的需求，再通过金融市场的杠杆作用，繁荣市场经济，其运作成熟和数量较大的 REITs 就是佐证，相辅相成，共同利用市场机制、社会化理念解决房地产的发展问题。REITs 在为美国房地产市场的发展提供充足资金保障的同时，更实现了投资者非直接持有物业来分享商业地产的投资收益，还为房地产行业量身定制了一套完备而行之有效的专业管理机构，实现了该行业的长效盈利。一开始，REITs 的设立是出于将大规模商业房地产投资经济活动在中小投资者中间开放，当 REITs 真正运作起来时，不仅使得对房地产投资有兴趣的投资者，不受资金、地域、时间的限制，完全利用资本市场，平等参与房地产投资活动中，更是保障了该行业市场投资的公平性与效率性。在公平的前提下，较好地维持了中小投资者的参与积极性，为国内房地产行业的长效发展提供了稳定的资金保障。

（二）德国得益于适时的政府引导

学习德国的经验源于德国是老牌的资本主义国家，在西欧的大环境中经过多次变革，每次变革都是对社会力量、资产的重新配置。日耳曼民族的团体主义奠定了法权主义理念，作为一个高度法制化的国家，德国的房地产资产管理专业化非常迎合法律法规的严格规定以及政府作为“监督者”的监管需求，在对公共资源配置不完全信任市场的德国找到了与市场相结合的完美途径，厘清政府责任边界的同时让市场自由发挥，且政府总能高瞻远瞩地把握产业格局。

（三）日本得益于机构间的协作创新

日本与我国同属东亚国家，有非常相似的地域区域环境，也有相近似的文化和价值，但毕竟属不同的主权国度，在政治、社会、经济的选择和倾向中有所不同。日本选择组建房地产行业协会来实现房地产业的自主管理有其自身的优势，这得益于日本比较传统的家族企业和团体意识，对于房地产的经营管理，一定要有先进的理念，如果思维滞后，不懂得创新，就很难形成一个良好的投资回报，所以，要有前瞻性和科学性。其次选择房地产基金运作的方式助推房地产资产管理，也是日本在早期受到美国资本入驻的影响，有较为开放的市场意识和金融意识，符合当时抑或现阶段日本国内整体经济的发展现状。

所以说，每个国家的政策选择没有优劣之分，只有与自己国家融合的程度之分。我国在新时代的背景下，只有不断地适时调整，用新思想武装头脑，用新方法开展工作，才能真正做好房地产资产管理在房地产业和金融服务业的融合发展。

二、房地产资产管理存在问题的比较

总的来说，美国、德国和日本有较为成熟的房地产资产管理经验，无论是从业务范围、人才储备，还是专业技能上，均在领先水平，如完善的物业管理服务链条、丰富的下游产业、专业化的各类机构、多元的合作模式等。但同时不可避而不谈的是每个国家都有其不足，必须要正视这一“短板”，从而查漏补缺。我们应该注重房地产资产管理的价值。

（一）美国在市场机制下存在较大风险隐患

美国房地产资产管理面临的最大问题就是市场风险，特别是二级市场的次贷危机，包括房地产资产证券化过程中所将引发的系列连锁问题。这与美国繁荣和成熟的市场经济环境有关，自由主义者更多地践行用市场的手段来解决问题，反感政府干预。在房地产资产管理进一步健康发展的进程中，需在宏观层面加强政府的调控和引导，保障房地产投资者因“信息劣势”、资产管理机构因“道德风险”而造成的利益失衡。

（二）德国在政府调控下集中凸显监督管理的问题

在监管方面，德国“全能银行”的监管模式随着房地产资产管理的混业经营进程的不断深化而暴露出更多的弊病，尤其是金融业务交叉进行时，监管死角或重复现象屡见不鲜。这与德国长期的分业发展的传统有关，行业发展有黏合性，分业监管着实不易，但融合监管也并非易事，在德国的改进进程中需厘清关联利害，不断地增强科学性指导。

（三）日本的合作式治理方式折射出调控难题

对上述三个国家在房地产资产管理存在的问题进行比较而言，其中日本所面临的房地产价格泡沫是最为严重的弊端，因为房地产价格虚高使得房地产资产管理失去了客观真实的定价基础，而在“非合理”的房地产价格的基础上想要通过机制和形式创新以实现房地产资本的保值增值就会陷入“盲区”，被扰乱了的价格市场是一片混乱，资源无法实现自我优化配置，会造成资源的浪费和冲突对抗。当然，日本房地产价格泡沫的形成有其一定的主客观因素，并不是其他国家的“共性”问题，这与日本在经济发展、社会建设等各种因素之间的协调发展有关。

三、国外房地产资产管理的经验借鉴

他山之石，可以攻玉。我们在大的领域、相关事务上学习研究世界范围内其他国家的做法，并不是完全的“拿来主义”“照搬照抄”，需要“去粗存精”加以融会贯通后的借鉴，厘清发展现处的阶段水平、涉及的相关因素、利益分配机制、弱势群体保障等问题。在前面详细陈述了美国、德国和日本等三个国家在房地产资产管理中的理念、政策、措施及取得成效的基础上，结合我国经济和房地产市场发展的实际情况，在新时代建设中国特色社会主义的背景下，总结有如下几点经验可供借鉴抑或是启示：

（一）供给差异化的房地产市场资产管理政策

房地产市场资产管理现状和情况繁复难辨，牵涉多个领域又遍及众多服务对象，这样的情形迫使住房发展意识的萌发，以及进一步的以区域、阶段、步骤来划分的房地产市场资产管理的推进路径的构建，需要做到因地制宜、因时制宜，综合考虑区域特征性和发展阶段性，切勿一刀切和强行一致化，构建多样化、科学化的房地产金融服务网络系统，立足产品驱动，培养客户忠诚度，增强创收黏性，提高收益率，实现差异化服务，供给个性化增值渠道。

（二）适度发挥政府在房地产资产管理中的作用

政府的宏观调控与市场机制恰能互补，在市场经济高度发展的基础上政府部门要对金融市场统筹规划制定改革纲要、掌控经济发展动向，提高其弹性增强抵抗市场风险的能力。在政府部门介入经济领域时需要注意的是必须坚持适度原则，做到权责分明，使经济发展整体保持宏观调控微观自主的发展态势。如此一来就能在充分尊重金融实体自主性和独立性的前提下实现内外部的有效调控和监管，最后，政府的适度参股对金融机构的运营也是大有裨益的，值得一试。

（三）加强房地产资产管理的投资立法

在资产管理方面，美国金融业混业经营立法行为是一个绝佳的学习对象，启示我国要对金融混业提起足够的重视，以《金融控股公司法》为关注核心，贯彻落实相应的改革措施，构建并完善监管制度及体系。建立健全投资者权益保护咨询和风险规避机构，完善其运作制度和规则，与此同时还要对银行、证券市场、保险市场的执行能力进行强化，促进信息和运作的透明化。

四、国外房地产资产管理引以为戒的教训

经验借鉴和教训吸取是事物发展的“一体两面”，成功的做法固然有引导、标杆的作用，同样，重视对教训的总结和吸取有利于避开“雷池”，免去重蹈覆辙，正视“前车之鉴”。

（一）避免房地产产生严重价格泡沫

房地产的异质性和交易的不连续性，使得房价变化的度量尤其困难。以日本国内战后房地产市场发展及泡沫“崩溃”的历史经验，科学评估中国房地产市场的发展阶段和发展趋势，要综合分析中国房地产价格上涨的经济因素、社会因素和心理因素，充分认识中国房地产市场价格波动的长期性、弹力性和关联性。在保持高度戒备和制定合理预案的前提下，坚决抑制房地产炒作等短期投机行为，严防实体经济资本向房地产市场转移，努力挤出由于房地产炒作而引起的高价压力。针对目前中国房地产市场存在的各种问题，我们既不能过度高估房地产泡沫的现实风险，也不能轻易忽视房地产市场潜在的泡沫威胁。既要强力挤出房地产市场的炒作成分，又要有效增加中低收入群体的住房供给和居民收入，有序释放房地产市场的过度需求泡沫，努力构建能从根本上消除房地产泡沫的制度性机制。

（二）不能忽视住房的社会功能

从 1998 年我国开始住房的市场化改革以来，商品房市场的发展一直都是备受瞩目的焦点之一，片面扩大住房经济增长作用的同时却忽视了其社会功能，而政府在住房保障方面还存在着相当程度的结构性供需混搭、错搭的问题。针对该现象，习近平总书记旗帜鲜明地指出：在对住房保障及其供应体系加快建设步伐的同时，必须处理好这几对关系，即政府提供公共服务和市场化的关系、住房的经济功能和社会功能的关系、住房保障和防止福利陷阱的关系。要深化住房体制改革，建立健全我国住房市场，

单靠商品房市场是万万不能的，住房租赁市场的完善、保障出租房双方的利益、去库存等同等重要。另外，金融市场对房地产市场的影响也不容小觑，对待货币与住房利率政策须以审慎的态度。最后，紧贴需求结构和市场，以人口结构和城镇化水平为参照和指导对住房保障和供应体系加以完善，在保障住房的基本社会属性的基础上再保障其经济作用。

（三）进一步加强金融资源的优化配置

首先，经济的不断发展、社会要素中人口红利是房地产资产管理迅速发展的基础，房地产资产的规模不断增加，并对房地产资产管理提出了需求。房地产资产管理活动反过来又促进了经济效率的提升，同时对人口流动、收入分配、消费结构、生活方式、价值观等因素也具有重要影响。其次，技术要素和政治要素符合房地产资产管理要求时，房地产资产管理迅速发展，进而推动技术进步和政治改革。当技术要素和政治要素不符合房地产资产管理要求时，会阻碍房地产资产管理的发展，房地产资产管理会产生风险，被动推动技术进步、和法制建设。

第六章　中国房地产资产管理的目标模式与改革路径

改革开放以来，我国市场经济建设取得了举世瞩目的成就，基本形成了市场在资源配置中发挥决定性作用的竞争机制。作为市场经济重要组成部分，房地产市场最近几年虽然发展迅猛，但由于相关的改革措施不到位，房地产资产管理仍存在诸多的问题，特别是对房地产市场的发展规律认识不充分，涉及的利益相关方错综复杂，这些因素都阻碍了房地产市场的健康发展。因此，唯有继续深化房地产市场改革，设立既符合现实又着眼于未来的改革目标，选择系统的、全方位的改革方案才是实现房地产市场做大做强健康发展的根本措施。在本章，笔者将结合自身的调研和理论研究，着力提出符合我国国情的房地产市场改革目标模式与改革路径。

第一节　新时代促进我国房地产资产管理发展的条件分析

前面章节相继分析了我国房地产资产管理发展现状、存在的问题及原因探究，又辅之以美国、德国和日本等国家在房地产资产管理方面的成熟经验借鉴，诚然，在这一全面深刻剖析和“对比先进”的过程中，我国房地产资产管理市场面临着“先天不足、后天不力”的成长压力，这是任何时候都不能忽略或回避的客观事实。“否定”和“肯定”都是鞭笞事物螺旋上升发生质变的思维模式，那么如何在“否定”和“肯定”中达到平衡认知，对提速发展有“事半功倍”的效果。回归我国房地产资产管理的研究主题，市场经济平稳持续、金融环境日益成熟、房地产持续繁荣、国家宏观调节经济“软着陆”等是不可或缺的条件保障和得天独厚的发展优势。

一、我国的社会主要矛盾发生变化

习近平总书记在中共十九大报告中指出，“中国特色社会主义进入新时代，中国社会的主要矛盾是人民日益增长的物质文化需求与发展不平衡不充分之间的矛盾[①]”。以上关于我国社会主要矛盾的表述是自 1981 年以来对社会主要矛盾表述的首次变化，集中体现了党的重大理论的创新成果，揭示了我国在新时期中基本国情的新特点、新内涵和新变化。不同类型的主要矛盾，需要用不同的方法加以解决。

首先是不平衡发展的矛盾。不平衡的发展体现在多个层面，包括地区发展不平衡、城乡发展不平衡以及收入分配的恶化等方面。

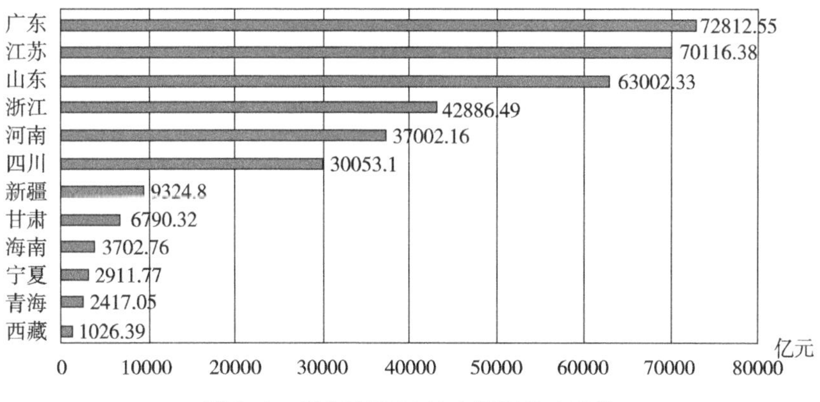

图 6-1　部分地区 2016 年国民生产总值

资料来源：国家统计局。

① 习近平：《决胜全面建成小康社会夺取新时代中国特色社会主义伟大胜利——在中国共产党第十九次全国代表大会上的报告》，《人民日报》，2017 年 10 月 28 日。

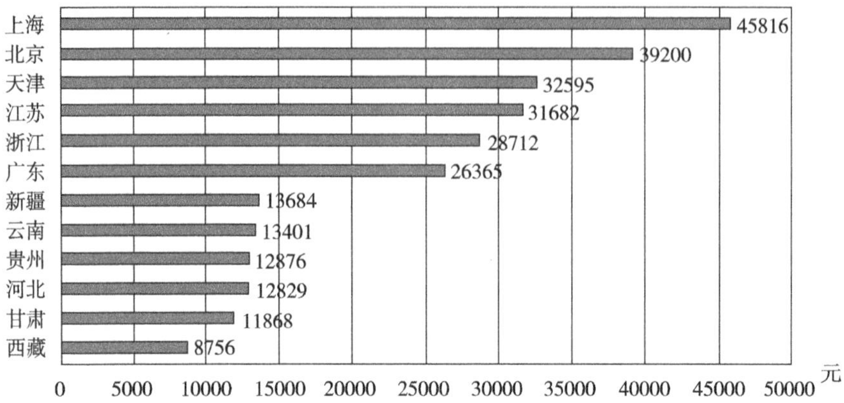

图 6-2　部分地区 2016 年人均可支配收入

资料来源：国家统计局。

从图 6-1 和图 6-2 中我们看到，不管是 GDP 总量，还是人均可支配收入，各地区之间均存在着较大差距。以人均可支配收入为例，2016 年，上海的人均可支配收入为 45816 元，而西藏、甘肃、河北、贵州等地仅仅为 1 万元左右，高收入地区已经到达了中等发达国家水平，而低收入地区的水平仅相当于一般发展中国家水平。

从收入分配情况来看，国家统计局数据表明，在 2012 年至 2016 年的五年里，中国居民收入的基尼系数我国的基尼系数分别为 0.474、0.473、0.469、0.462、0.465。我国的基尼系数长期保持在 0.4 的警戒线水平之上。

其次是不充分的发展，从人均 GDP 的国际比较来看，2016 年，我国人均 GDP 为 8123 美元，相当于美国的六分之一左右。更低的人均 GDP 代表着[①]：①更低的消费水平。按照 2010 年不变价美元计算，2015 年美国的人均居民最终消费支出为 35525 美元，中国为 2401 美元。②更低的医疗保障。2014 年美国人均医疗卫生支出达到 9402 美元，是中国的 22 倍（419 美元）。③更低的受教育水平。截至 2015 年，美国的高等教育入学率为 87%，中国的高等教育入学率仅有 39%，尚不足美国的一半。

① http:www.sohu.com/a/215206421_465361

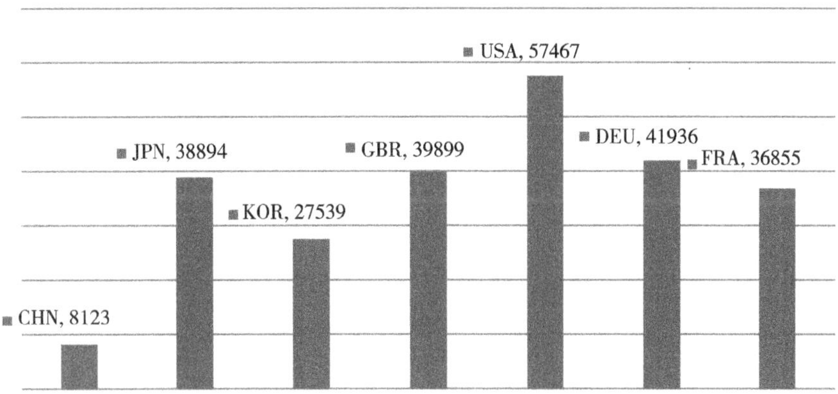

图 6–3　国际 GDP 比较图

资料来源：WDI.

在今后很长的一段时间中，我国的各项工作都要围绕解决这一主要矛盾进行，以满足“人们对美好生活的向往”为根本目标，这就包括对基本的“衣食住行”的需求，尤其是在城市化快速推进的背景下，“住”的需求的重要性更为突出。

二、市场前景日益广阔

进入“十三五”时期，宏观经济走势现企稳迹象，货币政策及宏观调控政策也是稳字当先，市场环境更为有利。国家统计局数据显示，2016年，我国 GDP 为 744127 亿元，同比增长 6.7%。其中第三产业增加值同比增速最高，为 7.8%，连续两年超越第二产业成为 GDP 第一大贡献因素。经济结构转型如预期推进，供给侧改革取得积极进展。作为供给侧结构性改革的中长期任务，“三去一降一补”（去产能，去杠杆，去库存，降成本，补短板）成为 2016 年中央政府关注的重点，而稳增长则淡出政策目标范畴。与此同时，防止金融空转、抑制杠杆泡沫的政策导向越发明显，监管政策愈加强调其监管力度和该行为的合理性，在鼓励创新的同时更加注重风险转变的防范。随着 GDP 不断提高，第三产业占比提高，我国房地产资产管理的需求增加，人们从房产的刚需转向改善甚至住房的品质生活需求。房地产资产市场日益广阔。由于政府采取“三去一降一补”的政策，防范了风险，调整了产业结构，使更多的金融服务回归到服务实体经济，为房地产资产管理提供了后续力量。

三、金融环境逐渐完善

在宽货币、低利率环境下，通过各类渠道加杠杆买尽所有优质资产成为几乎稳赚不赔的最佳套利选择。于是，2015—2016 年，几乎所有银行都在大做特做同业业务，利用低成本同业资金快速做大规模；绝大多数的银行也都在委外，寻找有加杠杆、做波段能力的外部管理人，基于此类业务的冗长业务链条也给通道机构和基金、券商等管理人带来了大量业务机会。然而随着货币信贷扩张对经济的拉动边际效应递减，而金融加杠杆的疯狂和刚性兑付的无解使金融体系内积累的风险越来越大，再加上外部美元开启加息周期导致资本流出压力增大，央行基础货币投放龙头被动收紧，有限的资金必须流向最需要支持的实体经济，金融杠杆到了不拆不行的地步。“强监管 + 紧流动性”成为 2016 年末开始影响 2017 年全年的重要趋势。

（一）控风险：金融机构去杠杆

监管部门对金融杠杆的遏制表现为对间接融资主体——商业银行杠杆率的控制和对结构化资管产品的限制上。证监会 2016 年 7 月发布的“新八条底线”，规定结构化产品最高杠杆倍数不得超过 3；银监体系下，对商业银行发行分级理财产品做出了禁止性规定；而此前银监会 58 号文件明确规定了结构化股票信托产品的杠杆比例原则上不超过 1 : 1，最高不超过 2 : 1。

除此之外，银监会于 2017 年初正式将表外理财纳入广义信贷进行考核。一方面限制了银行继续做大表外理财业务规模空间，另一方面也降低了银行通过投资非标将表内资产出表的意愿。在央行宏观审慎评价体系（MPA）考核下，资本充足率水平较弱而表外非标投放需求旺盛的机构会面临一定指标压力，无序发展的影子银行，将逐步回归监管框架内。

（二）去通道：减少多层嵌套

2016年，除了发布各类限制性规定，要求穿透核查结构化资管计划，禁止嵌套交易结构的产品发行外，监管从根源上入手，对通道业务施加了净资本约束，使资管机构开展通道业务的“性价比”大幅下降。

券商资管方面，证监会于2016年6月下发新的《证券公司风险控制指标管理办法》，提高了通道业务净资本计提比例；基金子公司方面，2016年末出台的《基金管理公司子公司管理规定》和《基金管理公司特定客户资产管理子公司风险控制指标管理暂行规定》，为基金子公司设立门槛并进行净资本约束。监管新规一出，立刻给以通道业务起家的资管机构戴上了紧箍咒，通道业务受到极大限制，新增业务规模应声骤降。

（三）统一监管：消除监管套利根基

分业监管导致的监管空白是资管机构对套利乐此不疲的根本原因，2016年，“三会”监管政策的出台节奏和力度已经有相当程度的协同性，但是业界仍然期待早日实现统一监管、功能监管，以切实杜绝无益于实体经济发展的监管套利。2017年初，在国务院的牵头下，由“一行三会”联合起草的《关于规范金融机构资产管理业务的指导意见（内审稿）》的出现，引起业内人士的高度重视。从长期来看，各类监管套利的根基在于分业监管下，各金融板块产品投资范围、监管标准存在套利空间，导致金融机构间通过互相嵌套的方式规避本行业监管规定。其治理根源还在于消除监管差异，统一监管标准，从源头上遏制资管产品多层嵌套和通道业务，敦促资管机构缩短业务链条，提高宏观调控有效性，切实降低实体经济融资成本。

四、先进技术的有力支撑

互联网的新技术使得市场交易愈加透明。2015年，金融科技（Fintech）首先在个人征信和消费金融大数据风控领域落地实践，在金融稳定理事会（FSB）给出的定义中，金融科技即为技术创新带来的金融创新，以及其所带来的业务模式、应用、流程或者产品的创新，并以此为依托对金融市场和机构造成影响。到2016年，其影响力迅速扩大到资产管理行业。首先，参与主体方面，不仅是互联网金融巨头和创业企业，各家传统金融机构的Fintech项目也“你方唱罢我登场”；在应用范围方面，以区块链、人工智能两大技术为基础，以资产管理行业庞大的数据量为素材，Fintech在资产验真、智能投研、量化策略、智能投顾、智能获客等领域崭露头角。

然而随着Fintech项目不断落地，围绕着新科技和传统业务关系的质疑也逐渐增多。质疑的一大焦点在于对Fintech效果的否定和怀疑。以人工智能（AI）技术为例，人工智能的应用基础是数据、算法和硬件，正是近年来这三大基础要素的突破才使AI快速发展。然而在金融项目实践中影响最终效果的因素还有很多，在项目的初级阶段，机构往往缺乏同时对业务逻辑和技术边界非常了解的跨界人才。作为大型的工程项目，这些经验的积累无法通过简单的“买买买”一蹴而就，而是需要针对不同的业务形态量身定制，不断修正。因此，在业务初期对新技术保持一定的耐心是必要的，随着人工智能和业务结合时间的增长，Fintech在诸如零售信贷风险控制、舆情监测和判断等方面的可用性已经越来越高。

第二节　新时代我国房地产资产管理的目标模式研究

模式既是主体行为的一般方式，又是高度提炼的科学知识体系，旨在以某一特定方法论解决事物的“发展”问题。房地产开发商在完成向“运营商”角色转变的过程，当务之急就是要为房地产资产的所有者（单一业主或联合业主）、投资者（抑或潜在的投资者）提供稳定的预期收益、实现资产保值增值，而这就需要探究摸索出一套细致、明确、完善的“智慧”治理模式，以期控制成本、规避风险使收益最大化。

一、新旧时代我国房地产资产管理模式的不同点

（一）旧模式下“有住房”；新模式下“有房住”

（1）人们资产观念在改变，“有住房”要求一定要有自己的产权住房，既有使用权，又有所有权。“有房住”只要求居者有其屋就好。“有住房”的模式使人们大部分精力都放在了如何买房上，有了住房后装修、买卖住房又会花掉很多精力和金钱，所以也减少了流动性。“有房住”的模式要求新建房屋为精装修，方便出租和管理。

（2）消费习惯改变，“有住房”向“有房住”的转变，使消费者的资金可以满足更多样化的需求，可以使资金用在学习、创业、旅游等。由于消费门槛的降低可以使消费多样化，也给房地产资产管理带来更大的市场。

（3）加快城市化进程。“有住房”向“有房住”的模式转变加快了城市化进程，随着租房和自有房的权利均等化，租房和自有房消费者享有同等医疗、养老和受教育的权利。城市化进程会进入新的台阶。

（二）旧模式下“炒房、囤房”；新模式下“去库存”

（1）从“炒房、囤房”到“去库存”表明了房地产资产从供不应求到

供大于求的状态，或意味着提供的房产不能满足现有消费者的需求，消费者已经从刚性需求向改善型需求转变，向品质生活需求改变。这就要求房地产资产管理向更高需求转变，加速改革力度。

（2）“从炒房、囤房”到“去库存”表明了消费者的投资更加理性化，消费的投资渠道变多，从投资粗暴的没有价值增值的炒房，转向投资专业团队干专业的事，股权投资、基金、信托等渠道。

（三）旧模式下“建房、售房”；新模式下“租售并举”

（1）从“建房、售房”到“租售并举”体现了我国房地产企业业务向更持续的方向发展，以前由于市场很好，房地产企业不用把太多精力放在产品质量上也能迅速回款。现在租售并举要求运营能力很强，产品好不好，服务好不好，消费者拿脚投票，这就促使房地产企业加速对产品的研发，对品质的升级。

（2）从“建房售房”到“租售并举”标志着我国房地产资产管理从房地产资产增量管理向房地产资产存量管理过渡。房地产市场暴利时代结束，房地产资产管理行业核心竞争力从“资源、渠道”向“效率、创新”转变。

（3）从“建房售房”到“租售并举”标志着房地产资产管理行业能形成规模的行业，房地产“建房售房”阶段是资金密集型轻资产的公司，房子开发完，将所有产权全部卖给消费者，留有物业用房交给物业公司。房地产开发商没有动力去做后期的价值提升，由于已经卖给多个消费者，也没有能力去做管理。到了“租售并举”时代是典型的重资产公司，要么委托一家资产管理公司管理，要么慢慢转为类资产管理公司。

（四）旧模式下“金融弱”；新模式下“金融强”

（1）从旧模式下“金融弱”、新模式下“金融强”标志着我国金融行业将提供更多的融资产品，融资的成本更低，人们的投资渠道更加广泛，多层次的投资渠道可以使消费者享受到普惠金融的好处。互联网方式的金融产品信息更透明，使用更便捷。

（2）旧模式下“金融弱”、新模式下“金融强”标志着我国金融行业法律更加健全，法制更加完善、金融机构内部管理规范，从业人员专业性强。金融强使金融行业分层次提供融资产品，分层次进行风险控制，保障了在安全范围下的多种便捷投融资产品。

二、新时代我国房地产资产管理目标模式基本框架

房地产在其发展规模上有着诸多较为突出的优势，其所容纳的资本和经济作用在国民经济发展中举足轻重，又同时牵涉多方上下游产业。另外，房地产的一个重要成本——土地，其出让收入是地方财政的重要组成部分，对地方经济发展的作用不容小觑。我国目前的房地产市场管理手段和目标是实现行业稳增长，但并未达到理想效果。总体而言，在“十三五”规划目标下未来三年里尽管经济压力较大，但依然要发挥房地产行业自身的规模优势和联动其他行业的特性，以本行业发展带动经济大局发展。另外，房地产与新型城镇化息息相关，几乎是其载体之一，两者相互影响彼此促进，接下来三年的城镇人口红利在房地产市场表现为大量的人口住房需求，最后，“十三五”规划在经济上的建设目标是以消费促发展，住房消费在未来的持续增长所带来的经济效益不容忽视。简言之，房地产行业在不久的将来依然发挥着拉动经济增长的重要作用。

（一）新时代我国房地产资产管理目标模式基本内容

（1）新时代我国房地产资产管理公司主体丰富多样化。中央国有资产管理公司主要负责国计民生行业、战略行业、民生工程、科教文卫行业，使社会功能的房地产资产效率提升。区域内国有资产管理公司主要负责区域内的产业引导，配套设施建设，使区域功能的房地产资产使用效率提

升。民营资产管理公司满足人们多样的需求。

（2）我国新时代房地产资产管理模式成熟，管理效率大幅提高。经过多年的实证研究，基本上掌握了房地产资产管理的规律，每个阶段的影响因素被充分利用，每个阶段的权利义务更加明晰。合作机构之间沟通充分，合作紧密，稳定性大幅提升，效率也大幅提升。在房地产资产管理中冗余无效的环节大幅降低。社会对房地产资产的作用更加认同，房地产资产管理规模不断扩大。业务模式更加成熟，房地产资产管理的效率进一步提高。

（3）金融及配套产业专业化。新时代金融市场发达，信用体系完善，金融产品丰富，为我国房地产资产管理提供各种金融支持，为投资者提供多种投资渠道。配套产业随着房地产资产管理的发展，已经从各个细分行业中产生了一个为房地产资产管理服务的行业，也越来越专业。

（4）房地产资产管理行业的人才队伍逐步扩大，各个行业的专家在一起工作学习，相互影响，逐步形成了一支房地产资产管理的专业人才队伍。随着房地产资产管理规模的不断扩大，通过对岗位的理解研究，建立了培养专业人才的教育体系，将理论研究和实证研究相结合，完善房地产资产管理理论。

（5）房地产资产管理健康发展，避免系统性风险发生。由于房地产资产管理的不断发展，建立了风险防范机制和风险控制机制，使风险发生被处理在萌芽中。由于金融的发展，针对房地产业资产管理的保险期货等对冲机制也可避免系统性风险发生。

（二）新时代我国房地产资产管理模式运作机理

（1）建立完善的多层次金融投资市场，金融机构提供丰富的金融产品，为企业提供金融服务，并且建立完善的金融风险防备方案，将风险在最小的范围内化解。金融机构在为企业提供贷款时，房地产资产管理公司提供劣后资金，当不能正常还贷款时由房地产资产管理公司代偿。房地产资产管理公司可以租赁等形式保证企业正常运转进行房产资产收购、并购和提供多种的金融方案，保证合理的市场价格。金融机构还提供给普通投资人多样的金融投资产品，如储蓄、理财、并购基金、资产证券化等。根据风险承受能力获得不同收益，实现普惠金融。

（2）建立成熟的市场化的投资市场，房地产资产管理中的房地产资产涉及很多组织，房地产资产也是各个组织重要的资产之一，建立成熟的房地产资产管理市场目的是通过市场配置，房地产资产的各种效益得以提高。房地产资产管理公司通过和相关企业沟通，了解市场发展趋势，了解市场供需关系，解决资金、价值提升，满足人们对房地产资产的美好需求，使公共事业房产使用效率更高，使得居者有其屋，实现更多的功能的旅游地产、养老地产。实现房地产资产在各个组织中的最大效用。房地产资产市场健康有序发展，使房地产资产更好地为人民服务。

（3）通过长时间的房地产资产管理的运行，房地产资产管理中管理和退出环节实现以最终用户使用为导向，更加适宜人们居住使用，更加节能环保、房地产资产管理相关方实现全部利益最优状态。随着互联网、人工智能、物联网、网速的发展，房地产资产更加智能化、更加节能环保，公司可以实现分时分区办公。真正地实现了房地产资产按需分配原则，同设计公司、建筑公司、物业公司、互联网企业紧密合作，规模不断扩大，房地产资产管理环节在外部公司合作下，价值不断提高。

新时代下我国房地产资产管理公司主体丰富，业务规范。融资、投资、管理、退出四个环节有机结合，时间继起，空间并存，周而复始完成各环节作用。

（三）新旧时代房地产资产管理运作机理的相同点和不同点

相同点：①不论是当前还是未来，房地产资产依旧是经济发展的基础，是居民生活的基本保障，房地产举足轻重的地位不会动摇。②房地产资产规模还将持续扩大，一、二线城市基本成熟，未来三、四、五线城市成为发展重点。③经过市场政策动荡的洗礼，行业洗牌还会持续进行，寻求新的生存、发展在一段时间内是房地产行业的研究重点。④金融还将继续为房地产提供支持，房地产仍旧是金融行业赖以生存的重点之一。

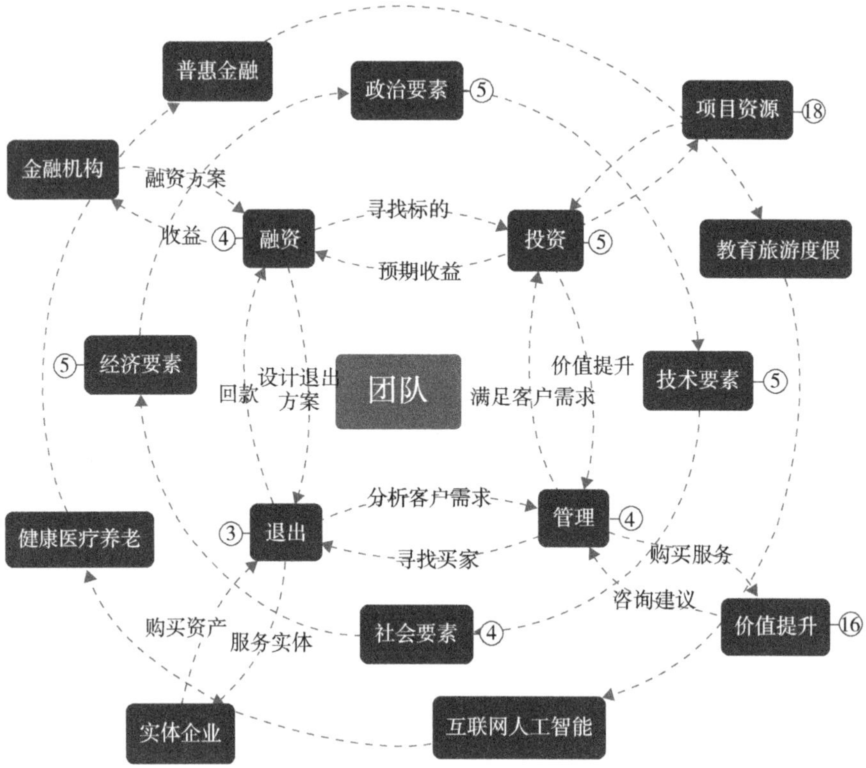

图 6-4　我国新时代房地产资产管理运行机理图

不同点：①客户购房的目的不仅是居住要求了。随着老龄化的到来和存量房市场为主，人们不再缺少住房，不再以解决居住刚需为目的，而是以提高生活品质、改善生活质量，甚至投资固化资金、保值增值为目的，体现了更多金融的属性。②市场增量会更加缓慢。由于客户购房初衷的变化，房地产产品品质更高，总价势必会上升，居民购买力受到制约，买房不再迫切更趋于理性，所以房地产资产销售速度将大幅下降，投资回报率下降。③房地产产权人需要更多生产要素，业务重点由开发转向经营管理。由于传统房地产开发、交易带来的收益率下降，房地产产权人将提供更多附加值高的服务获取收益，业务重点由开发转向后端的运营管理，赚取长期稳定的现金流收益。④金融手段更加多样化。未来最主要的发展重点之一就是资产证券化。传统的资产已经无法获取更高的投资收益率，随着销售速度放缓，投资周期拉长，唯有实现资产证券化是提高资产流动性最直接的方法。而资产流动性的提高，为行业资金的快速周转提供渠道，是行业新生命力注入的源泉。

三、我国房地产资产管理的三个阶段分目标模式

（一）到 2020 年全面建成小康社会房地产资产管理目标模式

“十三五”规划纲要提出来 2020 年全面实现小康社会新的目标要求，规划和设计了美好宏伟蓝图。我国房地产资产管理目标模式也向全面小康阶段迈进。经济保持中高速增长，2020 年国内生产总值和城乡人均收入比 2010 年翻一番；创新驱动成效显著，创新要素配置更加高效，迈进创新型国家和人才强国行列；发展协调性显著加强，城镇化水平与质量进一步提高，户籍人口城镇化率快速发展。民众生活水平广泛提高一个档次，与人民生活息息相关的公共服务体系和设施齐备，贫困人口全部脱贫。国民素质和社会文明程度显著提高。全社会法治意识不断增强，生态环境质量总体改善。能源开发利用效率大幅提升，生产和生活方式绿色环保。各方面制度更加成熟稳定。产权得到有效保护。

我国房地产资产管理到 2020 年的目标：满足全部人民住房的基本需求，实现居者有其屋。通过房地产资产的商品化满足中产阶级买房需求，通过租房满足城市中流动人口的住房问题，通过政府保障住房实现贫困人口的住房基本保障。对教育、医疗等公共服务体系建立房地产资产管理的解决方案。

到2020年实现我国房地产资产管理公司主体的多样化，国有房地产资产管理公司在国计民生领域发挥作用，区域性国有资产管理公司对社会保障发挥作用，民营房地产资产管理公司在我国房地产资产管理市场经济中起到配置资源的重要作用。另外，城镇化的有序发展能够保障人口红利的持续释放，成为经济发展的强劲动力之一。

到2020年房地产资产管理和金融行业、互联网融合，房地产资产管理的工厂化、产业化模式开始探索，实现创新驱动房地产资产管理的发展，使房地产资产管理更节能环保，更具有可持续性。

到2020年房地产资产管理行业法治意识加强，相关法律法规逐步出台，金融行业快速发展，产权保护进一步落实，

（二）到2035年基本实现现代化房地产资产管理目标模式

2020年至2035年是以全面建成小康社会为背景和基础，以实现社会主义现代化为目标进行不懈奋斗的十五年，到2035年要建成经济、科技实力空前强大的创新型国家。在社会法制建设方面构建人民平等参与、拥有平等话语权并能切实保障其落实的社会机制，基本建成法治社会，实现制度化、法律化治国。在社会文明层面，打造文明新高度的社会，致力增强文化软实力的建设，将中华传统文化的影响力进一步扩散。在人民生活板块，实现人民的富裕梦，全面进入小康生活，提高中等收入群体比例，基础设施健全，公共服务完善。最后，在现代社会治理格局和生态文明建设上取得重大成果，拥有自然和人文环境双重活力。

到2035年我国基本实现现代化，消费者对住房的需求已经从刚需转向更加多元化的享受型住房为主。与此同时，房地产的资产管理市场已经进入平稳期，产品品质是首要关注点。并且需求结构会随着第三次人口高峰产生的刚性住房需求的减弱而进一步完善，享受型住房需求进一步增加。品质、结构设计、环境、宜居性成为需求的首要参照对象，这样的需求也将促进供给侧的变革，直接体现出来的是社区标准提高、物业管理水

平全面升级等。预计到2035年，国内房地产资产管理市场需求增长速度会渐趋稳定和缓，伴随而来的还有大量房地产企业的业绩停滞不前甚至短时间内下滑，这将会是该行业竞争格局的一次“大清洗”。据目前对房企发展规模的简略估计，到2035年至少有10家亿级房企，20家以上规模处于5000亿~10000亿的企业。预计到2035年，智能金融与地产的持续融合将成为行业发展的新趋势。

到2035年我国房地产资产管理实现满足人们住房的改善需求，我国资产管理从增量为主型向以存量为主型转变。民营房地产资产管理公司规模不断扩大，市场经济在资源配置中起到决定性作用。到2035年房地产资产管理行业法治意识加强，相关法律法规逐步完善，金融市场发展迅速，房地产资产证券化成熟，金融业为房地产资产管理提供全面的金融服务。房地产资产管理产业化和队伍建设初步形成。房地产资产管理健康发展。

（三）到2050年全面实现现代化，房地产资产管理目标模式

按计划，在时间上以2035年为节点，到21世纪中叶这至少十五年内将要砥砺前行，实现祖国富强、民主、文明、和谐、美丽的建设目标。届时将从物质、政治、社会、生态、精神五个方面见识到一个不一样的全新的中国，以上述五个文明建设为中心的全方位提升所展示的国家治理体系与能力的现代化也将会是我国国际地位的又一决定性因素，基本实现共同富裕，人民生活水平更上一层楼，而中国的大国地位与我们民族的地位在国际社会将会更加坚实和被看重。

到2050年我国房地产资产管理能满足人民住房的品质需要，我国房地产资产管理转变为存量房地产资产管理型模式。我国房地产资产管理将拥有世界上规模最为庞大的房地产资产管理市场。人民的住房需求将充分被满足，高度智能化和个性化的房产成为主流。更多细分行业房地产资产管理公司出现，满足人们多样化的需求。到2050年房地产资产管理行业

从业人员法治意识完善，相关法律法规规范，房地产资产管理金融产品丰富，金融对房地产资产管理全面支持，人们的金融投资渠道安全便捷。物联网、互联网＋和房地产资产管理融合紧密，创造出更多的应用场景。人们教育、医疗、健康、养老等公共服务类房地产资产丰富，使用效率大幅提升。

第三节　我国房地产资产管理的改革方向

我国房地产市场大致经历了初步形成、房地产过热、市场调整、培育新的经济增长点和宏观调控等几个阶段。伴之而生的房地产资产管理则大致经历了萌芽、初步发展和调整改革的常规阶段，现如今，正处于改革的攻坚期，改革战略是动态发展的过程模式，需要融合“新时代”这一背景、抓住“新要求”这一机遇，取得建设发展“新成就”。

一、我国房地产资产管理改革遵循的价值导向

回顾我国房地产的发展历程，在肯定成绩的同时也不能否认问题的存在，但始终有一条主线贯穿始终，即最为核心和最为基本的价值取向。自2004年起，我国一系列楼市调控措施密集出台，政府调控的方向正在逐步向“解决人民住房需求”的目标上回归，不管是住房商品化改革还是房地产资产管理发展都将会以人民的住房权利保障为根本。

（一）房地产资产管理如何满足人们美好需求

我国目前急需推动房地产市场资产管理的发展。这不仅仅是出于对房地产企业融资问题的有效解决和去库存目标的实现，其更深层次的目标在于从根源上寻得中国房地产产业甚至是国内经济市场亟待解决的突出问题

的解决之法。中国房地产自改革开放以来发展得如火如荼日新月异，在短短几十年里创造了极为可观的社会财富，然而这些财富并非真正的社会财富而是由少数资本所有者所持有，房地产的背后所体现出的是严重的贫富分化，是少数人集中多数人的资本，并表现为产业的飞速发展，这也就是为什么该产业屡遭诟病的原因之一。鉴于此现实，借鉴先进经验对房地产市场和资产进行制度化管理，有序引导社会大众参与房地产市场活动是极为必要的。为投资者提供一个公开、公平、公正的房地产业投资渠道，分享房地产业发展的丰厚利润。同时房地产资产管理的投资管理和资产运营还能起到分散投资提高流动性的作用，降低系统风险，形成对冲。

（二）如何促进房地产资产管理效益提高

随着中国特色社会主义建设不断步入新征程，人民日益增长的物质文化需求与相对落后的供给力与物质分配的不平衡成为社会主要矛盾。“十九大”重点提及，在新城镇化、区域化经济的发展要求下，特色小镇腾空崛起，共有产权住房被列为长效机制，雄安新区更是成为千年国策。城市化发展的趋势不可逆，新时代平衡资源环境的发展任务举步维艰，房地产资产管理尤甚，“平衡”“充分”成为发展趋向。

二、我国房地产资产管理改革坚持的基本原则

历史唯物主义要求我们从实际出发，实事求是，在发展建设过程中要遵循相应的原则。基于我国基本国情和社会经济发展现状，以及响应“十三五”决胜小康建设阶段的部署安排，房地产资产管理改革应适当参照和考量如下原则：

（一）房地产资产管理坚持存量与增量相结合

根据改革的目标和规划，改革有诸多不同的进展方式，比如参数式改

革、结构性改革等。那么，房地产资产管理改革要坚持存量改革与增量培育相结合的原则，既是强调解决大量库存房地产、烂尾楼、闲置单元房等存量房地产资产的功能优化再利用、价值增值再融资的服务投融资的功能和作用，又要注重培育发展新的增量供给，包括功能性的改进、结构式的调整、环境式的优化、房地产相关项目的开发建设等，不断改善民众的居住环境、提升商业地产的投资价值、促进金融市场创新繁荣，增强协同效应，提升服务充分性。

（二）房地产资产管理坚持高质量、高效益和结构优化相结合

回顾中国特色社会主义道路的探索历程，一个重要经验就是坚持稳中求进，坚持稳中求进是科学发展的必然要求也是本质要求。我国房地产资产管理改革坚持稳中求进的渐进式改革就是因为我国房地产市场发展不均衡，各地区因经济水平、区域位置、本土观念等因素的差异，会形成分化的割据市场，需要“摸着石头过河”地谨慎探索，切莫心急走大步，置人民群众的“安居之所”于风口浪尖、风雨飘摇中，如此通过“蝴蝶效应”传导作用引致的社会相关问题将会愈演愈烈，违背房地产资产改革发展的初衷。因此，必须坚持高质量、高效益，同时致力于结构的优化，避免盲目追求规模的扩展。

（三）房地产资产管理坚持金融业与实体经济相结合

房地产资产管理的本质是金融，而金融的本意则是提高资金的配置效率，以更好地支持实体经济的发展。那么房地产资产管理机构，特别是直接融资模式下的资管机构，应该与实体经济绑得更紧、合作更深，也只有这样，才能在资产收益率普遍下行的低利率时期，用时间换空间，培养出高收益资产资管机构。房地产资产管理机构应抛开天花乱坠的金融产品创新，真正去挖掘实体经济的需求，响应国家“脱虚向实”的经济建设号召。

（四）房地产资产管理坚持诚信与法制相结合

法学专家杨永纯认为“人民性和法治化是中国改革的重要品质”呼吁“中国需要法治化改革。毫不例外，我国房地产资产管理改革也应当纳入法制化的建设进程中，除了需要专门的房地产信托投资基金法出台及相关的税收优惠政策和经营业务细则规定以外，还需要监管政策从“去管制”或“轻管制”周期向“强管制”或“重规范”周期过渡，建立严格的信息披露制度来更好地保护投资者的利益。

三、我国房地产资产管理改革的主要路径

从房地产业发展演变的路径来看，房地产市场将由投资炒作为主导转型为以消费为主导，有专家预测，“供给、保障、市场”三路推进将是住房制度改革的路径。本研究基于对房地产市场和资产管理市场等相关影响因素的深刻分析之后，倾向于从整体上为我国房地产资产管理改革描述一幅“愿景”，主要从四个层面（房地产资产管理机构自身层面、金融市场层面、政府政策层面、社会支持层面），五个路径（自身专业化、金融创新、宏观引导、社会共建、风险防控）来推动改革预热（如图 6–5 所示）。

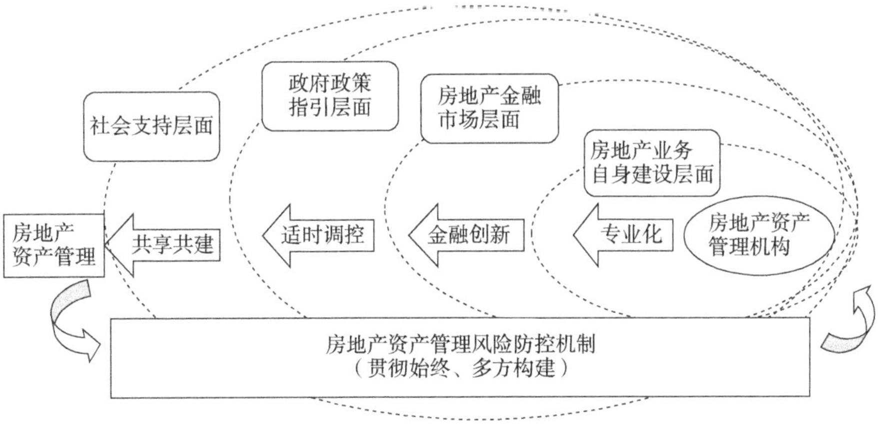

图 6–5　我国房地产资产管理改革导向图

（一）加强房地产资产管理队伍建设，提高自身能力和素质

从房地产资产管理的“保值增值”需求来说，我国房地产资产管理机构情况参差不齐，一般都是短期持有，且在持有期间对“资产”的管理也不舍得投入更多的“维护资金”，缺乏第三方机构实时评估资产价值，在不知不觉中造成了设施破损老化等情形的资产折旧、损耗，大大降低了房地产资产进一步出让、再融资的内含价值。由此，基于内因的成长动力，房地产资产管理要突破瓶颈局限，只有自我革新，不管是从前期顾问到精细化资产管理、财务管理，再到项目的重新定位和改造、租户优化、租金提升、财务风险管控、投资回报分析、估值和资产证券化，房地产资产的管理和升值都需要战略性、整合的、全生命周期的资产提升方案。作为直接提供服务的房地产资产管理机构，应该合力打造专业化的资产管理和提升平台、资本运作平台和退出平台，实现资产价值提升、稳健的现金流收益和投资回报，把机构（企业）打造为多元化、国际化的现代金融服务供应商与投资集团。

（二）深化金融市场和体制改革

深化金融市场改革能助力房地产资产管理行业发展，大型房企、空间从业者等迫于资金的压力，与金融机构的合作取得了创新性进展，各类融资模式、资产证券化在细分市场呈现出各自领域发展的里程碑。值得注意的是，房地产资产管理融入金融市场领域有两种思路：一种是通过把目光前置，在资产形成的早期阶段做主动投资，挖掘市场上现金流稳定的资产，无论是消费金融、商业地产还是 PPP，一旦看准就要尽早通过股权或债权的方式大比例介入，待企业做大做好之后再对接资产证券化实现退出，并且是以 ABS 发起人的身份发行产品，而非投行角色设计产品；另一种是很多房地产企业本身经营没有问题，却扛不过经济周期，或者扛不过流动性风险，这个时候是最需要资管机构发挥作用的——在间接融资釜底

抽薪之时逆向投资，帮助房企持有资产、维持杠杆养资产，待到行业周期上行时再通过资本市场渠道退出。无论是上述哪一种思路，对资金的期限和风险承受能力都有一定的要求，如果资产管理业务仍旧仅作为机构传统信贷业务的补充和出表工具，那么融资性质的资金定然无法满足资产管理业务所需要的风险承受能力，也无法将风险和收益全部过手给投资人，脱离影子银行的独立资产管理业务的发展迫在眉睫。

（三）加强宏观政策导向作用

房地产资产管理需要政策融化。纵观世界各国住房改革及房地产资产管理改革，不难看出，在经济发展、社会进步的不同时期，世界各国在经济和社会发展进程中采取的政策供给难免有所差异。分析国内情况可以了解到，我国在城镇住房制度改革方面的推进工作还是做得相当到位的，改革从客观实际出发，顺应市场经济体制发展的需求，并且根据经济社会发展过程中住房需求的变化，对住房政策做出补充和调整，并给予相应的金融政策支持，除此之外，为响应国家“走出去”的号召和“一带一路”战略布局，房地产资产管理的“目标资产”还应不断创新拓展，提升自身国际化水平。以宏观政策引导为蓝图，是为了把握建设发展过程中的“定位走向”问题，各分解小目标都朝着“中国梦”的大目标使劲、靠拢，形成集聚合力，优化产业布局、转变经济增长方式，实现市场繁荣、人民富足。

（四）积极推进共建共享住房市场

实现住房共享一直是社会主义国家的主张，只是在不同历史时期，实现住房共享的途径有所不同。在计划经济时代，城镇住房共享主要通过国家统一供应和再分配来实现。实际上，当时国家资金倾向于投资生产性部门，财政投资主要向重工业倾斜，住房被认为属于消费部门而没有受到足够的重视，住房投资金额被尽量压低，使得住房投资与供给严重不足。据

20世纪80年代第一次全国城镇房屋普查，我国城市居民人均居住面积只有6.36平方米。可见，住房共享实现的前提是要有足够大的“住房蛋糕”，否则人们分到的住房也是少且拥挤，实现的只能是一种低水平共享。党的十八大明确提出，要建立“市场配置和政府保障相结合”的住房制度。这从制度上明确政府通过保障房供给，为贫困居民提供“保障房蛋糕”，确保贫困家庭享受住房发展成果。

打造共建共享的房地产资产管理链接系统，搭建多元治理格局，是在社会治理领域践行共享发展理念的必然要求，体现了房地产资产管理与相关行业之间融合观念的进一步提升，而如何精准设计构建新型的信息分享平台和管理系统，需要从社会秩序的生活本质出发，以科学技术为载体做出深入思考。

（五）严格防范金融风险

美国的次贷危机警示我们必须高度重视房地产资产管理带来的各种风险。在宽货币、低利率环境下，通过各类渠道加杠杆买尽所有优质资产成为几乎稳赚不赔的最佳套利选择，而资管机构的附加值就体现在借助金融工具计量、分散并重新整合资产风险形成不同收益风险特性的金融产品上，使最终的投资者承受可承受的风险，获得对应的收益。由于房地产资产管理面临着较为繁多的复合性风险，包括市场风险、利率风险、经营管理风险和委托风险，以及投资者风险，包括信息不对称、利率及证券市场波动风险、流动性风险、交易风险等，需要把“风险防控”贯穿始终，渗透到各个层面，任何时候都不能掉以轻心，“强监管 + 紧流动性”的监管模式成为主流。

第四节　我国房地产资产管理的改革路径

一、建立完善的房地产资产管理公司法人治理结构

公司治理结构的单一模式对于公司治理来说，是不尽合理的。公司治理结构如果只有一种模式，势必导致工作朝着错误的方向发展。因此，我国在构建房地产资产管理相应的公司治理结构时，应该注意遵循几个原则，首先是遵循经验性质的一般规律；其次就是结合客观实际，以事实为依据，建立公司治理结构的效率性原则。除此之外，与其他行业相比，我国资产管理公司存在其特殊性，这就意味着我国在公司治理结构方面应该在遵循一般规律的前提下，保证公司治理结构的建立能够满足实际问题中的更高要求。概括来说，就要求赋予治理结构以科学合理的性质，通过构造董事会、监事会以及经理人的权利相互制衡的模式，保障公司决策、执行以及监督权的贯彻落实。

（一）应该考虑设立董事会这一常设决策机构

在本研究的前部分，笔者对一些行政管理机构代替董事会的案例进行深入研究，分析这种治理模式对资产管理公司的决策的不利影响。根据上述分析，不难看出，在四家公司中设立决策机构——董事会是十分必要的。董事会除是公司的决策机构，享有决策之外，还具有一个明显的优点，即将这一机构书面化、公开化，可以从形式上直接对其所享有的委托主体地位进行强调和强制规定，表明董事会是作为对国有资产负责的持股主体出现的，这在很大程度上规避了委托不当带来的风险。另外，对于非国有企业来说，企业的委托人就是企业的所有者，企业的委托职责实际属于股东所有。在这种情况下，股东决策对于企业经济发展情况影响是相当大的，企业的经济效益与股东的切身利益紧密联系在一起。为保证自

身利益，股东在对待企业决策时也更加慎重，为提高企业的经济效益尽职尽责。同时，股东还会对影响企业经济效益的一些相关因素采取必要的措施，降低不良因素爆发的风险。例如，企业的代理人在经营企业时，其经营成果直接影响到股东的收益，在这种情况下，股东会对企业经营者进行必要的考察，对其经营行为进行更为严格的监督，约束其经营行为，尽量避免代理人对企业效益的损害行为。我们都知道，权利和义务一般是相辅相成的，没有简单的义务承担，同时，也没有简单的权利享用。与非国有企业相比，金融资产管理公司属于国有性质的独资企业，从产权划分来看，金融资产管理公司的产权是属于全民、国家所有的公共产权。产权的主体范畴很大，其归属权也不能简单地划分给某个个人或者团体机构，这就意味着没有这样的个人或者机构可以独享公共产权带来的权利，同时，也不是说指定的个人或者团体需要对公共产权进行相应的义务承担。下面从几个方面对房地产资产管理公司进行分析。第一，从表面上看，其管理部门实际是公司的所有者，换句话说，就是公司的委托人，对管理部门进行相应分析，可以发现，实际上，公司的委托人并不是简单地由管理部门或其他任何一个部门几个人来承担角色的，管理部门在公司经营过程中，并不直接接触与自身利益紧密相连的事务，对压力的感受实际并不深刻，这也就意味着，管理部门并不能作为国有资产委托－代理的实际受益者。第二，将政府官员作为资产管理公司的委托人进行分析时，可以发现，由于政府官员本身角色的双重性质——既有规范社会的政府工作，又是委托人，显然地，如果要对这两个角色进行先后排序的话，排在首位的管理社会职责首当其冲。在对政府官员进行绩效考核时，主要的参考依据也是社会管理政绩的突出程度，而非在资产管理公司实行职能时创造的业绩。第三，分析发现，政府享有的委托人职责并不是特定的个人或者部门，委托人这一角色可以由政府内部的多个部门或者官员承担，并享有相应的委托人权利，这种过分扩大的委托人角色承担以及权利享有反而容易造成委托人主体的模糊化，导致委托人决策带来的后果分担难以落实到个人。这就意味着，委托人的角色承担起来很容易，几乎人人可以作为委托人，但是从委托后果的角度来讲，经营行为的后果承担起来相当麻烦，这并不是委托人有无的问题，而是委托人质量的问题。从这个角度来讲，董事会的必要性就体现出来了，可以将其挂靠财务部，从管理机构选拔人才设置董事会，负责经营行为的决策。董事会在具体操作过程中，召开会议是十分有必要的，可以及时了解企业发展动态，同时针对企业一段时期内的经营行为做出点评。会议的召开并没有强制的规定，具体要根据资产管理公司的经营决定，做到能够对公司的运作进行及时的评估，并根据实际情况对公司的政策进行调整，保证决策与发展的一致性。同时，董事会享有公司经营决策的独有权利。在董事会的具体设置中，应该注意对成员的任职资格以及机构组成进行明确的公示，独立董事制度的引入以及董事责任追究制度的执行是十分有必要的。从上述分析可以看出，在资产管理公司设置董事会，不仅可以对委托人进行相应的明确，还可以实现公司内部对权力的限制和约束。

（二）对监事会应适当扩大监督权限

通过研究目前的情况可以发现，四家资产管理公司都设有监事会，为提高经营效率，同时又保持协调一致性，可以将这四家监事会进行整合。这种整合工作的开展不仅可以对监管力度以及标准进行统一，同时还有助于推动监管公平的实现。在必要时，可以利用整合后的部门对四家公司进行项目针对式的检查。另外，只有对监事会进行明确的权力赋予时，才能够将监事会看作是公司治理结构的一项内容，它可以通过具体的工作发挥权力制衡作用，对公司经营行为进行约束和震慑。因此，在监事会工作中，应该注意以下几点内容。首先，将检查权力赋予监事会，资产管理公司依法独立自主开展经营业务的过程中，公司立法的基本要求实际就是其业务能够正常有序开展的强有力保障。在这里，应该明确资产管理公司产生的原因——在收购国有银行不良贷款的过程中，针对这部分资金形成的资产，因其特殊性，需要专门的非银行金融机构对其进行管理和处置，在这种情况下，国务院决定设置资产管理公司，从国家有关行政部门的权力实施和职责履行方面，干预市场中的各类经济活动。虽然资产管理公司制定的起点极高，但是，由于其经营活动始终处于特定的环境中，在执行工作时，还是借助相关法律的强制作用进行辅助和维护的。也就是说，资产管理公司在工作过程中，债权人应该得到政府的尊重，公司的日常经营活动不应受到非法干预；债权人与债务人享有同等地位，任何一方不得采取强迫手段。在公司处理不良资产的过程中，政府主要负有保障职责，对处置方案进行必要的维护，从立法、政策以及措施上提供保障。

（三）完善金融房地产资产管理公司立法的配套规则

从业务和具体操作进行分析，资产管理公司的工作难度还是相当大的，在具体工作时，如果单单依靠《金融资产管理公司法》的相关调整，成效并不明显。因此，为保障资产管理公司的资产管理、处置工作，应该对与立法相关配套方案进行落实，从制度方面保障公司活动的开展。应该明确以下几点：

第一，抓紧时间，完善与《房地产资产管理公司法》一致的规章制度。根据前面提到的内容，《条例》中提到的诸如“具体办法根据 ×× 而定”之类的条款，是“配套”完善工作中务必涵盖的。也就是说，在对房地产资产管理进行立法完善时，应该注意考虑与之配套的规章的可行性，注意保障规章与《金融资产管理公司法》的衔接一致。在笔者看来，应该被充分考虑在内的规章主要有《房地产资产管理公司资产处置条例》《房地产资产管理监管条例》《房地产资产管理公司税收征管办法》《房地产资产管理公司经营状况考核细则》等。

第二，应该加快完善资产管理公司的退出机制。市场经营瞬息万变，风险多样。因此，资本市场的建立和完善以及投资体制的应用势在必行。在这种情况下，房地产资产管理公司的设立不失为一种规避风险的有效手段。银行和企业在发展的过程中，在风险规避上有了更加多样化的选择。通过设置资产管理公司，将风险进行转移，可以有效减轻银行以及企业的经营压力。因此，在对房地产资产管理公司的业绩进行成功与否的评估时，应该结合多种因素进行判断，除不良贷款的收购数量之外，这些不良贷款的盘活以及变现的成功比率也是主要的参考指数之一。根据上述分析，笔者认为，对退出机制进行完善是十分有必要的。首先，《金融资产管理公司法》提到，境外投资者与资产管理公司之间“债转股”的相关事项中，公司的存续期限是八至十年。其次，将《证券法》有关条文进行一定程度的修改，以确保公司的相关股份能够在上市交易过程中具备有效的途径。此外，在建立投资体制的过程中，应该注意建立和培养国民的投资意识，同时，还应注意独立型投资主体的塑造。最后，证券交易所以及证券公司的交易行为应该得到相应的约束。通过上述分析，可以发现，监事会不仅能够实现对公司的检查，还能对公司的相关单位进行检查。

因此，在向监事会赋予检察权之外，还应赋予其合理的经济以及行政处罚权；在必要时，还应保证监事会能够对相关人员进行任免建议。

二、明确对房地产资产管理公司的目标定位

应该明确对公司的目标定位。分析我国的国情可以发现，当下是改革发展的新时期，房地产资产管理公司在发展的过程中，应该充分尊重改革这一时代大背景，将资产管理公司的发展立足在服务金融以及国企改革的基本之上。然而，这种定位并不是一成不变的，公司应该时刻关注形势的变化，对目标定位做出相应的调整。从机构性质来说，房地产资产管理公司属于具备自身利益的非银行金融机构，具有较强的综合性，而非政府的下属部门。在针对房地产资产管理公司的众多研究中，不少学者提出，应该为明确该公司的法律地位制定《房地产资产管理公司特别法》（简称《特别法》），标明公司的业务经营范围的特殊性以及享有的特权。同时，

在公司的管理中，应该根据现代企业制度的相应准则进行法人治理结构等的完善，强调经营管理人员和公司内部的三个大型机构之间的相互制约。相关政策指出，目前房地产行业的资产管理公司的定位是中国现代投资银行，主要实现资源的优化配置以及存量资产的盘活。

三、完善房地产资产管理公司运营的法律环境

区分于《商业银行法》《公司法》类型之外的《房地产资产管理公司法》的制定。资产管理公司的建立本身就是在进行法律规避，其业务经营非常特殊，因此，应该通过法律完善赋予公司独特的权力。从这个角度来看，《条例》显然不能满足公司对法律的需求，《条例》存在的不足使其可行性排在《商业银行法》《公司法》之后；另外，由于时间的迫切性，法律修订的方案显然不能满足现阶段公司经营发展的需要。在这种情况下，《房地产资产管理公司法》的出台就显得迫在眉睫，为了加以区分，这也能够被看作《商业银行法》和《公司法》的特别存在形式。《房地产资产管理公司法》主要涉及的内容包括以下几点：①公司的性质、法律地位、成立所具备的条件和详细的注册流程；②和普通市场主体有所区别的经济权利和职责；③对资金来源以及债转股进行规范；④明确对公司进行监管的各机构的职责划分；⑤明确公司的存在期限和退出程序以及解决不良贷款问题的具体方法和策略；⑥落实自愿、公正原则的执行，遵循市场经济对公司的客观要求。

四、妥善引入外资参与我国不良资产处置

外资主要通过这些方式进入我国市场并对不良资产进行管理的：第一，资产管理公司和外资企业进行资产的重新组合，通过成立中外合资企业，对投资过程中产生的不良资产进行相应的管理和处置，因资产处置而

产生的收益由合作双方按商议的比例获取。第二，资产管理公司将其债权、股权以及实物资产等出售给外商，并由外商建立独资企业，从而将外资运用到我国企业的并购和重组中。详细的售出形式可以是资产协议的转让，也可以是招标和拍卖等。第三，资产管理公司凭借其股权和实物资产等有价资产，和外商共同成立中外合营企业。第四，和外商一起设立以资产组合为主要形式的国内外投资基金。第五，把组合之后的资产进行分解，然后发包给国外的专业机构进行托管并做出相应的处置。

上面所提及的外商不仅包含专业的资产管理公司、境外的金融和非金融机构以及跨国的公司和中介机构，而且也包含境外的专业投资公司。总而言之，这些形式都有一个相同的地方，就是以一定的折扣价出售，并且详细的折扣数额要依照双方进行协商或者拍卖而确定，而不同之处就在于给予一定折扣进行销售之后，其后期的运营以及资金回收的形式不一样。按照相关的国际规定，这些不同的方式都在国外有过成功的案例，并且在如今的国际市场上依然被广泛运用。在这几种方式中，最重要、最常用的就是第一种，这也是国内在不良资产处置方面最应该学习和借鉴的方式，这主要是因为采取这种方式不但可以更好地适应国内的法律环境，降低受阻的概率，而且也能够使得我国的资产管理公司加入不良资产的处置以及后期的继续运营中。这既能确保中方享有应得的利益，又能使国内的相关机构有机会与外商合作并学习到有效的不良资产处置方式，从而促进国内企业专业化水平的提高。此外，国内相关企业也可以对其余的方式进行透彻的分析并加以运用。对每一个资产管理公司来说，都应该按照自己的发展状况，并结合实际情况有选择性地引进外资，这样就能增强外资在我国不良资产处置中所发挥的重要作用。

五、积极稳妥利用债转股方式处置不良资产

（一）规范完善债转股企业公司治理结构

科学合理的管理制度为公司的规范化运营和高效率生产奠定了坚实的基础，同时这种制度也为公司的长期发展提供了源源不断的动力。公司在进行债转股时，必须依据《公司法》《债转股协议》进行《公司章程》等的制定，同时，对各个部门和相关机构的权力和责任进行明确的划分以及理清运行流程。然而，在实际的运营过程中，必须做出相应的改善。主要存在以下几个不足，首先，是书面规定不尽完善；其次，执行力较差；再次，监督机制不尽完善；又次，相应经营理念存在偏差；最后，债转股工作需要注入新鲜血液，引入高素质人才。

（二）分类管理，积极探索债转股企业股权退出的路子

通过对债转股过程中公司面临的难题进行分析，可以看出，债转股公司在经营方面还需要加强科学化管理。可以将其分为四大类：一是成长性、控制权兼具；二是成长性存在、控制权缺失；三是成长性缺失、控制权存在；四是成长性以及控制权都缺失。第一以及第二类的最佳处理方式是长期持有，追求增值，并根据市场变化贯彻退出机制；而第三、第四类则应快速退出，躲避风险。国内相关的法律规定，资产管理公司在和相关的投资者进行股权转让协议的签订时，对于股权的定价应该经过专业评估方可确定，最终采取招标等方式进行价格的敲定，应该注意的是，在同样的条件下，原先的企业拥有优先的购买权利。依照这个规定，公司在对债转股资产实行折价变现时，一般情况下是不会受到政策约束的。但是，在进行不良资产处置业务时，应该在市场经济法则之内开展工作，规范操作，在社会以及市场的监督下进行。当退出市场时，可以运用多种退出形式，比如单一退出型，组合退出型。前者就是单个企业的退出，后者是多

个类型的企业进行组合而从市场退出，其组合类型大致包括规模、效益以及各种股权、金融工具等的有效组合。

（三）积极为债转股企业提供财务顾问和管理咨询服务

从广义上来说，投资银行业务指的是财务顾问以及管理咨询业务，这种类型的业务以向企业重组、并购、经营战略等提供方案为主要工作。受到计划经济体制的重要影响，公司在进行相应的债转股时，一般都会产生不规范的操作，而资产管理公司自身会提供财务顾问和相关咨询服务，可以对债转股公司进行有效的推动，保障公司的发展。从发展情况来看，资产管理公司的建立实际对分业监管造成了冲击。也就是说，中国现阶段金融混业发展的主要问题在于监管工作的开展。解决这一问题，可以从以下几个方面展开：

首先，应该保证金融机构混业经营模式的科学合理性。资产管理机构的发展带来了很多监管方面的问题，在这种情况下，监管部门在具体工作中应该结合实际情况，通过培养、刺激不同机构的优势，培养其正确的经营理念，并对机构管理人的经营行为进行有效的约束。同时，应该加强金融监管的协同机制，通过机构间的相互配合，提高监管的效率。但因为缺少法律制度的规范，再加上管理公司需要比较特殊的法律体系作为支撑，在法律框架亟待完善的时期，监管工作的完成务必需要各部门之间的协调配合。监管套利行为是坚决不允许存在的，监管标准以及尺度应该得到严格的保障。在具体过程中，可以进行牵头监管的尝试，通过领导性的机构的确定，使各监管机构的行为得到统一化。根据金融市场运行的相关分析，不难发现，监管机构的明确分工对于金融市场的协调发展具有相当大的推动作用。明确分工实际可以实现金融市场整体的协调发展，而不是传统观念中对金融市场进行割裂。另外，还应坚决贯彻落实金融体制的改革，保证资产管理的活动空间。在资产管理的过程中，还应注意基础设施建设的完善，为监管工作打下坚实的基石。在整个过程中，立法与法律的完善是首要的,《信托法》的修改以及《证券投资基金法》之间的磨合是一个漫长的过程，在这个过程中，新的法律体系得到完善，为资产管理工作提供强有力的法律保障。在资产管理业务中，“信托”法律责任应该作为产品的一项基本属性发挥相应的作用。另外，国务院对机构职能配置的优化提出了相应的原则，主要包括以下几点，一是同一件事由一个部门负责；二是通过有效的整合改善机构的不足；三是规范平台交易以及信用信息等。金融监管体系的建立和完善也需要以上述原则为导向开展具体的工作。分析资产管理现状可以发现，针对投资者建立的保护机构越来越多，证监会、银保监会等都为这些机构的建立投入了足够的精力。在具体的资产管理业务中，风险管控是一大前提，国家监管机构的监督制度对于维护投资市场秩序以及保障投资者权益来说，都是十分有利的。另外，还应采取必要手段推动金融自律性组织的建立和完善，实现金融行业的自我约束，规范金融行业的发展。在这方面，中国证券、银行、基金、保险、信托等已获得显著成效，为资产管理的监管工作以及维护金融体系的稳定与安全等建设了强有力的保障。

第七章　促进我国房地产资产管理发展对策建议

我国房地产的发展方向随着十九大的召开而得到确定。在房地产界得到“房住不炒”的定位后，中国房地产将告别高速增长阶段，进入“平稳健康发展”新常态。房地产企业和资本的关注点将不断从“前端开发”向“后端服务”以及资产管理转移，这与我国蓬勃发展的资产市场的走势相适应，并且与“大资管时代”的要求相一致，而且在对房地产行业的结构进行转型时，这是一个非常有效的方式。

在“共识、共建、共享”社会生态链下，房地产资产管理想要取得长足的可持续发展，必须置身于宏观环境中，考量包括社会经济、金融服务、科技信息等各种因素从不同角度所带来的便利与冲击。加之考虑到住房的“必需”“金融”“公共”属性，在促进我国房地产资产管理的健康发展中并非仅依靠政府的一己之力主导力推，也并非单纯放手让房地产资产管理机构摸爬滚打，更不能放任地完全由市场来进行自主调节，而是要织密一张多维因素融合、多方主体参与的“共治网格”。在借鉴房地产资产管理发达国家和地区经验的同时，从政府管理、市场建设、机构发展、社会支持等方面寻找突破路径与协作共创的方式，探索我国房地产资产管理市场的创新发展模式，实现优势互补、差异竞争，并且要通过不断实践来增加经验，而且在创建房地产金融产品时要以中国的金融和住房情况为依据，使得在世界的金融服务市场上，我国的房地产能取得较好的排名。

第一节　增强政府宏观引导及政策扶持

一个国家的国计民生在很大程度上会受到房地产项目的影响，因此，我国应积极依据各个地区不同的实际情况来对地方的政策进行引导和调控，房地产项目的建设必须符合国家规范，价格也受到国家的控制，使得房地产行业的每个环节都在国家的强力监控之下，使其更加规范。

一、推进房地产资产管理持续稳健发展

稳健的房地产发展市场是开展房地产资产管理的“天然”根基。据有关专家对近年来国家对房地产调控政策的解读和预测，房地产政策在 2018 年将会得到改革，并且最有可能的改革情况是将需求和供给的侧重量进行调整，加紧高压的状态，在银行的放贷上予以优化，地方政府认可获得土地出让金，尽量减少库存并去杠杆。不管政策导向如何，我们始终看到的是国家在稳住房地产市场健康发展上的当仁不让之责任和决心。

（一）坚持分类调控楼市不放松

楼市调控不能“一刀切”，而要根据不同的区域位置、经济发展水平、建设用地性质等进行细化分类的调控，在坚持“住房不炒”的基本原则之下，坚持松紧适度、因地制宜的组合政策供给。例如，对于多数房价高企的一线城市来说，必须继续坚持持续限购的政策，同时结合银行贷款政策等组合工具来实现房价稳定的目标，抑制房地产泡沫；对于多数二线城市来讲，部分城市仍然处于快速扩展的阶段，是具有巨大潜力的人口新集聚地，对住房的需求仍然较高，对于这些城市的调控政策要分化处理，同供给侧加大住房供给数量；对于三、四线城市来说，居民对房地产的需求水平受到经济发展程度以及基础设施建设等因素的影响较大，为此，要不断增强交通建设等基础设施建设的投资力度，拉动楼市需求，使这些地区成为房地产市场需求梯度转移的承接区域，同时积极监控房地产价格波动幅度较大的三、四线城市的价格变化。

（二）落实“租售并举”长效机制

我国的房地产行业已经步入从增量转向存量、从购买转为租赁、从数量优势转为品质优势、从一个城市转为多个城市相统一的新时代，从生产向服务转变。十九大报告中，习近平总书记掷地有声地表明“房子是用来住的”，要确保居民的居住权益，坚持“租购并举”。要切实实现“租购并举”还需配置相关的长效机制，使租赁居住者权益得到保障和实现，营造“租赁文化”。如此租赁市场也将会得到进一步的发展重视，政策和资金将会倾向这个行业。房企、酒店类、国家队、中小企业、品牌机构、中介机构将会争相参与未来的万亿级租赁大市场。

（三）深入探索房地产税制改革

房地产的税制改革引起了多方主体的参与讨论，各专家学者和既得利益代表者等都侃侃而谈、各有建树、莫衷一是。诚然，在不成熟的市场环境和房地产建设领域，谈及费税改革是一个很敏感且关系到亿万万民众切身利益的话题，理应无限慎重并小心谨慎求证以服务社会建设和经济发展。2016 年，财政部部长楼继伟在 G20 财长和央行行长会议税收高级别研讨会上称如何使用税收政策更好地激励创新，并不意味着要一味减税，而是要保证税制公平。也就是说在经济发展过程中，既要避免与民争利，造成民众资产权益受损以及相关企业利润走低，又要适时开征税收服务社会建设，这是一个技术复杂又影响深远的议题，需进一步深入探讨，促进房地产市场稳步发展，继而繁荣房地产资产管理业务。

二、发挥房地产资产管理作用为城市更新服务

城市更新的需求跟市场发展的新阶段有关系，新建的投资，不管是居住，还是商用的房地产投资，基本上到了一个瓶颈，再往上增加只能使过

量的供应过分增加。2016年下半年以后，可预见的是存量地产将是中国房地产未来20年发展的一个主流，这一客观的现实情况被提到了国家战略的层面。由此，我们把目光转向城市更新，这种更新不一定是拆了重建，它可以是建筑空间的利用、库存房产进一步销售、产权交易转移等，即改变过去早期更多关注的是土地的再利用，建筑的更新、改造、重建，而把现在的城市中心定位“多元”属性，包括社区的再造、生态的修复、经济活力的恢复，包括空间环境、文化环境、视觉环境等的改造和延续，过去的再开发的模式，也变成了整治改善和把控的模式。那么，我们就遇到了城市更新里面非常重要的问题，即政府在这里面如何参与、如何创新城市更新的一系列问题。

（一）及时制定长远的区域发展规划

对于房地产存量的更新以及存量的开发来说，可持续经营理念至关重要，要培养长期经营的思想，要在尊重城市发展规律的基础上制定城市长远发展规划。首先，各地方政府要积极吸取其他地区的发展经验，广泛考察各地发展经营，根据本地的发展现状、发展潜力、产业结构等制定长远发展规划，对区域功能、发展策略进行更新规划和定位，如广州、深圳的城市“十三五”规划更新、特色小镇发展战略等。其次，城市规划的不断更新涉及比较复杂的土地权利整理的问题，这需要政府的积极参与，对各种矛盾要及时发现、及时化解，维护社会稳定。最后，将地区发展战略与房地产市场的发展统筹起来，使房地产市场的发展不能过分脱离经济发展的步伐，使房地产市场的发展成为城市发展的推动力，而不是阻力。

（二）保证信息公开透明

透明的信息公开，能使房地产资产管理机构准确地依据自身和现存放量库存以及城市更新的相关信息进行项目选择和定位产品，深入研究房地产投资可行性，衡量其承担的风险的程度和机理，最后测算其所得的预期收益（利润）。除此之外，城市更新还十分考验房地产资产管理公司对资本的运作能力，房地产资产管理机构需要不断地优化配置，充分根据信息、数据，规划可持续的发展计划，或进行长期投资、或进行短期持有、或联手有价值的合作伙伴共同开发项目，是对房地产资产机构参与有效去除库存激励、融入城市更新的支持和引导。

三、保障公共性住房调整结构性平衡

正如完全市场化是不能很好解决全面住房问题的，因为在市场机制下，住房弱势群体不能在成熟完备的市场条件下通过“等价交换”而获取住房资源。住房的资产属性决定在市场供给中会存在不可避免的市场失衡，这时候就需要国家的宏观调控来适时引导，调整房地产市场的“结构性”失衡问题，其中问题最为突出地集中在保障性的公共住房和乡村房地产建设方面。

（一）加强保障性住房建设

保障性住房是国家主体为“住房困难”的群体供给房屋安排，满足民众生活需求“衣、食、住、行”的安全性兜底责任体现。现阶段，保障性住房作为一项准公共物品的供给和建设既缺乏效率又有失公平，其中最大原因在于政府没能协调好住房市场各参与者的利益，继而造成保障性住房的建设发展现状和势头不容忽视。当前，应从保障性住房供给制度和建设配套激励出发，根据我国城市发展变迁和人口进化的规律，集中力量、攻坚克难，既要解决“绝对困难群体”的住房问题，又要高瞻远瞩、未雨绸缪地解决城市在发展过程中形成的“相对困难群体”的住房问题，如新青年、新农人、新老人和新蓝领的四类新人住房问题，在新的政策下，定能为房地产资产管理带来新的机遇。房地产资产管理机构可以对符合我国产业政策的新型的城镇化进行关注和挖掘，使得住房能够得到保障，抢占先机。

（二）供给结构优化的导向

随着社会经济的发展和城镇化进程的加深，“城市”的容积量和承载能力都得以显著的提升，随着大量的人口进入城市，我国的许多城市都将面临“市中心改造不足”的瓶颈限制，基于此现实困境，城市逐步开始向外延发展，我们称为城市的扩张。城市扩张过程的基本形式是，占用农村的集体土地，变成了城市的国有土地，从而新建出大量的城市拓展空间。现在从总量上来看，城市和乡村空间基本均衡，但同时也有结构性的短缺和结构性的过剩。长期以来，房地产政策往往单纯强调对价格的调控，忽视整个市场结构性问题的重要性，导致一方面存在着总量过剩，另一方面又存在着结构性失衡。因此，未来的政策选择必须在稳定房地产价格的同时逐步优化供给的结构。

四、完善建立房地产资产管理法律法规

法律不成熟，政策法规的变动较大。随着监管的不断放开，原有资产管理业务外延的不断拓展，保证房地产市场资产管理健康规范发展。四家资产管理公司成立以来，我国政府为了能够完成不良资产的出资任务，于2000年颁布了《金融资产管理公司条例》，并且在此条例之后，又出台了许多与公司开展业务的管理有关的法律法规，这不仅使得不良资产的出资任务享受了极大的便利和创造空间，而且极大地方便了资产公司在业务方面的操作。在《政府工作报告》中，有许多与金融资产管理公司转型的推进有关的内容，并且政府十分支持这一转型。监管机构不仅要重视激进的业务模式带来的潜在风险，还要积极修改目前存在的一些略为宽松的法律和政策。

第二节　积极探索房地产资产管理金融创新

进入“泛金融”时代，“资产＋资金＋资源”的整合创新之路，是房地产资产管理理念、思维和方式的创新之举。房地产资产管理要“脱虚入实、举重若轻”，在未来金融去杠杆的趋势之下，房地产这一大类资产也将经历一个去伪存真的过程，从重视抵押价值，回归到资产价值的本源——投资价值。在“非标金融”“私募投行”“产融结合”的新型资产管理市场，混业经营时代的“跨界”，打破不同企业所有制的金融藩篱，跨越不同行业监管体系之间的金融鸿沟，践行真正的市场化。

一、创新房地产投融资模式

我国经济的金融化程度随着金融传媒、利率市场化和金融政策的不断放开而得到了加深，“金融深化”的速度也不断加快。在“房住不炒”确立了行业的主基调，结构性调整在政策的强势推进下开始了，在新零售快速倒逼商业升级换代的新时代下，房地产金融创新终于找到了舞台。财富创造的支撑以及共享财富的收益的驱动力逐渐转变为以分配财富、短期套利为主要动机的“货币金融”。在房地产领域，通过对传统产业新价值的不断探索得到创新，用资产的管理方式来对房地产实施管理，对金融工具的应用将成为各方不可忽视的一点，金融创新的本质，在于满足经济发展创新的需求。

（一）发展房地产信托基金

如果长期持有大型物业，与资本市场挂钩、证券化或者比较长期的资金安排是必需的，依靠租金回报，可能要 15~20 年才能收回成本，大部分房地产商无法大规模长期持有商业房地产。从基金管理还有境内私募来看，国内对外资还是有一定限制。国内不断放开的金融政策使得我国的一些房地产金融产品的操作更加简便快捷，促进了房地产业的进一步发展，希望国内能够放开 REITs，优化整个架构。

国外的私募基金都是以美元为主体，但是国内用的是人民币，无论是从税收或是汇率角度，都有一定风险；另外，中国目前是公司制，但国外大部分是信托制，这就意味着在中国要上缴公司税。“如果能在中国做像新加坡一样的信托基金，就减少了一些风险，也使得税务的完整性得到了增加。信托公司不仅在投资方面占据广泛的领域，而且在经营领域上也是我国金融行业唯一一家跨行业经营的公司，这使得该公司对上市和未上市的股权以及债权的投资更加便捷。证券公司、基金公司同银行一样，其上市市场都受到了限制。信托公司在市场需求和政策发生改变时可以在不同行业进行转换。市场上资金需求和供给随着货币紧缩和经济增长速度的减少以及利率和贷款额度双重管制的存在而呈现不平衡的发展趋势。市场上资金的供给由于货币政策的收紧而不断减少，除此之外，实体经济的增长速率随着经济的减缓而无法提高，在信贷政策的影响下，房地产企业不能得到充足的资金。在这种情形下，作为少数受监管的资金提供方，信托公司可以大量垄断房地产业，随着股市风险的不断减少，投资者对收益类固定的产品十分偏爱，信托公司的“刚性兑付”获得了广大投资者的认可。

（二）推进商业地产资产证券化

房地产资产证券化将是未来金融创新发展的主流形式，这既有现实的内在需求又有外在的环境熏陶。首先，在房地产资产证券化的地产融资政策方面，2018 年房企融资趋紧势态延续，房地产融资成本提高，但政府从许多方面的政策供给来鼓励房地产资产证券化的发展，预计未来几年最大的热点和亮点就是资产证券化，如轻重分离、资本市场化的趋势、品牌化、国家队作用明显等将是我国租赁住房市场在未来发展中所呈现的特点。其次，目前国内的资本市场并没有开放到能把商业地产证券化，这是房地产金融创新的重大突破口。例如，租金收益权 ABS 产品因为二房东轻资产模式的存在，在规模的扩张方面会遇到很大的问题；债权性的 CMBS 或抵押性 REITs 产品将会得到大型开发商甚至是国家队的大量支持；主流产品将会转变为二级公开市场标准化产品和一级私募基金。如此，在内外双重激励和扶持的作用下，推进商业地产资产证券化将是房地产资产管理的重要内容和手段。

二、引导房地产资产管理混业经营

管理人应时刻注意管理好自身的行为，房地产机构在发展时不仅要在经营模式的选择上做足功课，还要使自身的优势得到充分的发挥。各个金融机构在金融市场上发挥的作用随着金融市场的不断发展以及金融创新产品的不断增多而不断增大，例如，证券、保险、银行等业务随着金融控股公司的出现而开始相互渗透，这不仅极大地满足了客户的需求，还加快了市场的发展速度。对整个国际的金融市场进行观察发现，其发展趋势逐渐转变为金融机构的混业经营，保险、银行、证券正不断融合，使得金融业务不断趋于全能化和综合化。但是，每个领域单独的管理机构的工作效率随着业务的交叉而不断下降。

（一）金融机构混业经营

直接金融的标准化程度高，有助于融资成本的降低和风险的分散，但作为公开市场的产品，对发行主体的信用等级有很高的要求，将绝大多数企业拒之门外。银行业的发展路径也发生了极大的变化，由负债端的竞争驱动逐渐转变为资产端，这是指银行在以往的发展中非常重视低成本负债的争夺，但是在未来的发展中将会对高收益低风险的资产进行争夺，资产的经营能力由受托投资向全方位管理的转变——代客理财，倒逼改革，品种、策略、目标。负债端（低成本负债融资）和资产端的转变（注重争夺收益较高而风险相对较低的优质资产），大资管时代背景下，对流动性、信息披露充分要求之下，金融机构应该充当的是“金融解决方案的供给者”的角色。

（二）创新复合的金融工具

全球领域内的资管市场增长乏力，是必须要面对的严峻现实。据专业行业统计数据显示，2015 年全球管理资产总额（AuM）为 71.4 万亿美元，与 2014 年几乎相等，只增加了 1%，然而 2014 年的资产增长率为 8%，并且从 2008 年到 2014 年的平均经济增长率为 5%。[①] 较低的管理资产净流入是管理资产不能得到增长的主要原因，我国大部分地区的金融市场呈现上下波动的发展趋势。所以方针政策的制定要站在整体金融市场的高度，创新复合的金融工具，有助于减少金融市场和房地产市场的波动。

经营资产的能力决定了竞争优势的大小。产业链的分配随着金融产品的不断增多而得到了更优化的整合方案，并且随着金融服务的不断综合化，金融市场对“资金—资产”的配置能力得到了不断的提高。在我们生活的城市空间里，除了住宅空间，更多的空间是资产。资产的话，它肯定是持有的。虽然有多种持有方式，可以通过自己的资金去持有，也可以通过债务的融资去持有。因此，我们可以用各种各样的投资金融创新工具去很好地持有这个资产，同时保持这个资产一定的流动性，就变成了市场当中非常重要的任务。国内的房地产金融，向来是以银行体系为主的间接金融。这是因为过去的房地产业是以住宅为主的增量开发，高利润和快速周转是开发商的主要商业模式，在此模式下，企业通过间接融资的方式效率最高、收益最大。

① 数据来源：BCG 波士顿资产管理报告。

第三节 努力提升房地产资产管理机构专业化水平

房地产管理业务的发展具有较强的系统性，这一工程的发展涉及多个方面，如流程、考核、理念、产品、队伍、体制等。因此在管理模式的构建上，要注重体系化和专业化，提高自身的管理能力和效率，这一专业化的管理系统，非常注重专业操作，创造增值价值，实现资产收益的最大化。“专业规模”是指房地产资产管理机构对特定的资产进行较多的投资并且能够得到较多回报的能力，专业规模效应是行业凝聚、创新发展的必然趋势和要求，能增强客户满意度，加大业务黏性，更能树立品牌、培养忠诚度。

一、构建专业的资产提升计划

房地产资产管理的最初出发点和落脚点是对房地产“资产”属性的回归，继而以资产“保值、增值”为管理目标。专门托管、承接从事此业务的房地产资产管理机构在这一过程中起到“执行者”的作用，围绕“资产提升”开展有关的单一型抑或复合型的业务创新，凸显资产管理的价值，并非“因管而管”，而是“因需而管”。那么房地产资产管理机构的专业性首先就表现在能为客户提供专业的资产提升计划，这一计划是蓝图导向也是具体的实操依据，从制定到甄别，再到实施、修订、总结等全过程，无时不体现对专业投资理财、法律顾问、管理效能的能力诉求。

（一）适时调整业务方向

在运营为王的时代，要轻重并举地将房地产资产管理传统业务进行创新整合，并根据现实社会经济发展状况或预测的利好环境适时地调整业务结构，寻找新的“业务增值点”，抢占先机开拓未来发展的空间。除此之外，还要密切关注国家对产业的政策调整和侧重扶持，保持高度的政治敏感性，把房地产资产管理建设与国家社会建设相结合，共同使我们的国家变得和谐而美丽。比如说，房地产资产管理机构可以凭借国土资源部和城建部提出的“将符合条件的商品住房作为棚改安置房和公共租赁住房房源”这一政策，对现有的房地产业进行改造①。

（二）合理创新新业务模式

业务模式的本质其实就是盈利创收模式。房地产供给方向“运营商”角色转变是一个非常漫长的过程，因为房地产承建开发有一定的周期性和长期性，所以在房地产资产管理业务模式中必须考量其行业的长期性发展，不短视追求利益，争抢竞争力。如此，就需运用专业化能力积极创新和预见现有的经济模式，并且要关注行业发展的趋势和行业发展的驱动力，如投资者、宏观经济、技术和监管等，并获取结构性“业务增长值”。如，较多经济学和管理学领域的专家及实践运营者们推断主动管理者、规模经营者、解决方案专家（提供解决方案构建多资产类别投资组合、资产配置、管理者甄选以及监督）、分销巨头等几大类型很有可能成为未来成功的业务模式，有待专业化进一步细化探索。

（三）提高内部管理效率

在“大资管”背景下发展房地产资产管理业务，除了要重视企业的长期发展战略以及市场营销能力，也要重视提升企业内部的管理效率。为此，首先要具备灵活的市场开拓能力，不断开发新的市场领域，不断创新资产管理的产品种类、期限种类等。其次，要提高资产配置的效率，优化资本结构，提高企业内部的资源配置效率。再次，要提高内部管理能力。上述要求意味着，房地产资产管理机构或者涉及房地产资产管理业务

① 王筝．房地产市场大趋势下金融资产管理公司策略选择［J］．哈尔滨金融学院学报，2015（6）：19-25.

的金融机构都应该构建一种覆盖“投、融、管、退”业务各个环节的管理流程，设立科学的管理目标实现路径，畅通上下层级的沟通渠道，充分发挥协同效应，有效提高内部管理效率，促进机构资源和社会资源的充分整合、供给专业服务。

二、加强人才队伍及团队建设

党的十八大以来，习总书记对人才工作的重要论述最大限度地调动了人才创新的积极性。诚然，随着人才争夺的日趋激烈，各行各业在内部、外部都面临着对人才的争夺难题，人才资源是资产管理的一大优势，因此拥有较好的人才资源的企业能够在未来的资产管理中取得更大的优势。房地产资产管理因其生产建设的长期性、业务流程的繁杂性、涉及客户主体的多样性以及跨业、混业经营阻碍性等客观特性存在，更是凸显了在这一领域对专业人才及团队的诉求，为客户提供省时、省力的优质专业服务。我们可以说成功的资产管理机构其收益会随着其优势的增多而不断提高，并且其中最大的优势和人才优势紧密相关。

（一）建立人才培养及激励机制

人才是一切行业持续发展的根本动力，尤其是对于新兴行业、资本密集型行业来说，人才的重要作用不仅体现在为企业创造较高的利润，更体现在企业的创新能力上。房地产资产管理行业是典型的人才密集型行业，如果没有强大的人才队伍做后盾，创新就是无源之水、无本之木，整个行业的发展将会陷入低价竞争的恶性循环中。为此，首先要建立一套完善的人才培养机制，在业务开展的同时要积极培养房地产资管人才。其次，相比较其他行业如私募基金、证券、保险、银行等金融机构的外部竞争，还需建立科学有效的长期激励政策，建立起一套岗位职责明确、考核方法科学、激励机制透明、薪酬体系合理的制度，筑牢具有吸引力的“招贤台”，在保持自主就业选择和人才流动性的同时，增强机构自身的凝聚吸引力。最后，重视具有房地产行业和资产管理双重行业背景的复合型人才的培养。

（二）实行项目管理的团队建设

俗话说“千军易得，一将难求”。金融领域的高流动性是整个行业都面临的头疼问题，即使有较为激励的薪酬和升迁制度，在占绝对优势的地域及平台方面，总是会使多数房地产资产管理机构流失“主力军”力量。如此，可以借鉴项目管理的思维和方式，房地产资产管理不以“个别能者”牵头为核心，而是建立起一支优秀的资产管理团队整体，避免“优质的资产因为有个优质的管理者而得以实现，一旦这个优质的管理者走了，资产就有可能日渐变差”的困境，弥补“管理不可复制性”的弊端。且这一管理团队，一定要有一套完善的标准，按照标准运营流程保持项目的管理水平。同时建议高等学府开设资产管理相应课程，建立相关培训体系，为资产管理事业不断提供合格的人才储备。

三、积极适应互联网 + 时代

在科学技术不断创新的推动下，我们进入互联网 + 时代，这将“加速度”地带来信息传播方式与思维方式的改变。“沿着旧地图是很难寻得新大陆的”，在互联网 + 的背景下，提升房地产资产管理机构的专业化水平还需积极融合这一不断创新和智能的现实社会，努力寻找新路径，找准努力的新方向，打造工作的新格局，为客户提供满足及时需求的高质专业服务。

（一）用互联网思维加速行业升级

“互联网 +”代表的是一种全新的社会形态，它通过优化、聚合社会资源配置，以互联网为基础设施、创新要素和实现工具，把互联网的科学技术、科研成果与经济、社会各领域高度融合，形成经济社会发展新形态。如此，房地产资产管理要立足深远，向行业深耕，利用互联网的“融通”“互联”思维，实现企业服务的智能化、楼宇经济的智能化，把一切串联起来，使连接在一起的群体的价值比群体中任何一个单个个体的价值之和要大得多，打造一个开放的、有机的生态系统。

（二）用互联网技术提供便捷服务

互联网技术的不断进步改变了并将继续改变全球经济的发展模式，改变生产要素的流动方式、聚集模式，改变一切有形市场要素和无形市场要素的生产模式、交易模式。互联网带来的人们工作方式和生活方式的巨大变化，同样也会深刻影响房地产资产管理的业务供给即服务手段。这一背景下，整个行业的发展必须以现代网络技术、通信服务平台为基础，为客户打造符合用户需求的功能空间与配套服务，并将通过大数据、机器学习、人工智能、管理升级等方式让服务渠道和形式更加多元，“空间 + 内容运营商”在未来将会成为房地产资产管理长效机制下的新模式。对于房地产资产管理行业来说，在互联网大发展的背景下，最为重要的是培养互联网思维，只有首先具备互联网思维，才能使整个行业的发展搭乘互联网革命这趟快速列车。

第四节　建立和完善房地产资产管理风险防控机制

近年来，我国房地产的发展方向已经转变为“构建长效机制”和“房住不炒”，并且房地产企业制定的房价十分理性。不过，要对房地产资产有安全性的保障需求，就必须有对风险防控的分散机制安排，因为“安全”与“风险”是相伴相生的，所谓的“不安全”状态就是面临风险。在金融市场深化、金融工具创新和大科技、大数据的背景下，对风险持高度敏感，是回归房地产资产保值增值的客观实际要求，也是维护广大人民群众特别是房地产资产所有者、租赁者、使用者的合法权益，有利于社会经济、金融市场、房地产领域、住房保障的平稳健康，也能为房地产资产管理的安全退出建立机制制约。

一、构建有效的市场风险对冲机制

“如果可以不理会日新月异的外部世界和经济需求，单纯‘田园牧歌’似的经济体系却也看似平静而美好”这恰好从反面说明所有回报都对应着风险，且风险还是时时变化着的。一些资产管理机构在提升自己的资产价值时并不是通过培养长期的竞争优势提升自己管理资产的净流入，而是会以金融市场的整体利益作为依靠，所以面临着巨大的系统性风险，需要建立相互嵌套和冲抵的风险防控机制，来抵御金融市场疲弱与汇率动荡，但风险对冲也会在一定程度上降低收益，所以需要匹配“风险—收益”适当抉择。

二、完善混业金融的风险监管框架

完善的监管框架包括授权路径和所监管内容及方式。在房地产的金融市场运行的监管方面，监管机构要保证整个金融市场的发展建立在适度分工之上，而不是用职责分工来划分金融子市场。随着房地产资产管理业务的发展，交叉性金融产品的种类越来越多，并且证券、信托、保险、基金和银行等行业逐渐融合。这虽然使得多元化的融资需求得到了满足，但是也给金融投资市场带来了巨大的风险。在此，政府作为主管部门和保障社会经济健康、人民权益的捍卫者，应充分发挥其监管职能，避免房地产资产管理发展的混乱。

（一）促进联合监管协作

在资产管理行业，监管机构（银保监会、证监会）对相似的产品存在不同的认知，使得“同业不同管”的现象频繁发生，业务方面的差异使得部分业务得到了政策的打压。监管套利现象发生的可能性由于不统一的行业法规而增加。这是房地产金融监管体系发展的指导，对各个交叉领域的监管问题能进行有效的整合并解决，对监管进行分类。可以尝试建立牵头监管模式，对各个金融机构间的协调力度进行加强，监管标准和执法尺度的协调统一应该通过相关部门的积极推动得到加强，对监管套利现象进行避免，使得行业系统性和区域性风险能够得到有效的防范①。

（二）实施动态跟踪监管

房地产资产管理是适时调整的一种投融资决策，保障房地产资产的保值增值，那么其业务内容、业务范围和业务模式以及行为、流程等都在适应发展变化的客观经济社会形势以及政府方针政策，进而做出决策。因此整个行业的动态发展对监管提出了更高的要求。监管部门必须不断更新监管方式和监管理念，不断跟踪房地产行业以及房地产资产管理行业的发展现状和趋势，保持监管政策措施的“时效性”。如此，充分尊重房地产市场发展规律即资产管理的顺势性特征，要建立起一套动态跟踪的规范监管体系，满足对房地产资产管理监管的“准确性”要求，以动态监管的方式促进整个行业的健康发展，同时不断提高监管机构的监管能力。

---

① 张曙阳．制度变革下的中国资产管理践探索与发展展望［D］．上海：上海交通大学，2011.

三、鼓励自律性的内部风险防控管理

一个理性的行为会导致一个好的绩效，反过来，如果是一个非理性的行为就会出现一个不好的市场绩效。长期以来由于金融和资产管理行业存在无法避免的技术性风险、系统性安全风险，加之国内相应的法律法规不健全，行业自律性差的话将会导致房地产资产管理企业的不理性行为，而不协调的市场行为反过来就会影响市场结构，两者的“恶性”互动作用的最终结果是导致市场绩效的低下甚至无效率，使得房地产资产管理市场呈现出混乱无序与低效的状态。如此，应当适时引导行业的自律性建设，以防止一些不必要的行为风险、操作风险等。

（一）支持建立房地产资产管理行业协会

金融界对自身的行为进行规范、约束和管理所使用的最主要的形式是自律性组织。我国的银行、资金、保险、信托和证券等行业的自律组织目前均已得到建立，行业自律组织作为监管的主体，不仅要对行业的发展进行规范，还要充分发挥合作的促进效用，共同维护金融体系的稳定与安全。各级机构在发展房地产资产管理业务中对风险管控水平进行提升的时候，需要遵守法律法规、行业内交易规则的制定、风险管理、社会责任、职业道德方面加强自律，组建行业自律协会，在信息分享、协调发展的同时加强彼此间的约束和监督，保护各方主体权益。

（二）引导房地产资产管理行业自律的发展

行业自律对于行业的健康成长来说具有重要作用。在市场经济条件下，随着政府对市场干预的逐渐减少，市场力量获得了更多的自由成长空间。放松行业规制对于企业来说一方面意味着市场活力的增加，意味着创新活动受到的束缚更少，但另一方面，放松管制也意味着市场力量——企业要加强对自身行为的约束。从房地产资产管理行业来说，作为一个新兴行业，行业自律对行业的发展尤为重要。具体来说，包括对行业自律组织指导、制定完备可行的自律公约、建立健全行业自律奖惩机制、加强从业人员的职业道德建设等等。这一方面它可以规范行为，促进房地产资产管理行业健康规范发展，另一方面，自律的发展经验可以为国家监管和相关立法提供重要的参考。

第五节　健全共享的房地产资产管理链接系统

链接，即让个人的价值、企业的价值和社会的价值进一步被挖掘和连接。逐步健全共享型的房地产资产管理链接系统是与时代发展十分匹配的理念，能有效地将各种资源有机结合起来，形成上下联动的网格，发挥协同效应，奠定共享、共建的基础，构造未来房地产管理的全套体系和全新的房地产时代。

一、构建房地产资产管理信息分享平台

首先，“以用促建、建用并举”，促进信息披露和信息共享，搭建自愿平台。定期进行信息披露，强化房地产资产管理业的社会责任意识，主要需要做到以下几点：①使责任的履行行为得到强化；②使企业的工作效率得到提高；③使制度的保障性得到提高；④使责任管理制度不断得到健全；⑤使员工的工作自觉性得到提高；⑥使责任意识教育得到增强等。除了对平台的功能进行不断的完善以外，还要对信息的开发和应用进行大力的开拓，从而保证事中事后监管、守信激励和失信惩戒机制的有效运行。例如，58 同城、安居客等房产业务通过“房源全息字典”和“云库 3.0 算法”的房源新生态基础数据库，不仅对线下的数据进行了广泛的采集，而且在线上也积累了大量的数据，其收录的房源覆盖了我国 106 个城市的 1.2

亿室户，拥有95%以上的小区覆盖率。其次，强强联手，构成多个运营平台，加速项目布局，整合建立统一规范的公共资源交易平台，能及时信息分享、鼓励用户参与互动，还能进行社会化流量分析，以此推动资源共享、提高效能。最后，通过大数据技术分析各类数据和经济发展的关联，持续观测并分析经济发展运行的各项关键指标，为了使经济发展和市场的主体得到更直观的显示，可以仔细考察市场的主体规模和结构，使得各个部门在制定决策时有据可循。

二、推动房地产资产管理增信系统建设

在以习近平同志为核心的党中央的正确领导下，按照党中央、国务院决策部署，社会信用体系建设部际联席会议充分发挥牵头协调作用，全面贯彻落实社会信用体系建设系列改革文件精神，要求克难奋进、狠抓落实，进一步加快“信用中国”建设步伐，全面提高全社会文明诚信水平。在如此契机之下，推动房地产和房地产资产管理领域的信用建设有着主观动力和客观推力。正如习近平总书记所指出的那样：人不率则不从，身不先则不信，社会增信系统的建设发展有利于整个行业的和谐稳定发展。除此之外，建立社会增信系统又辅之以信用信息共享的交换平台，夯实社会信用体系建设的基础，为增进信用建设提供技术支撑，也是加强事中、事后监管的重要手段，构成我国房地产资产管理社会保障基础。

三、拓宽房地产资产管理共享合作的领域范围

共享经济是在“共同享有”的价值理念下，基于暂时物权属性转移的创新型经济模式。如此，健全共享的房地产资产管理链接系统，需要逐渐深化扩大其共享、共建的合作领域，把共享经济这一蛋糕做好、做大，真正地充实房地产资产管理共享建设的内容实质，夯实共享发展的实践基

础。比如，加强房地产资产管理行业与保障性住房、城市公共基础建设、社区建设和环境美化等领域的交流和合作，共享现有基础条件和所取得的成效，加深横、纵双线，立体、多维的合作质量，树立合作共享的典范模式，集聚共享、共建的价值效应。房地产资产管理的初衷在于资产属性的保值增值，同时还担负着共享房地产经济发展的红利，而加深行业合作、共享的程度能使人们更加公平地享有社会资源，各自以不同的方式付出和受益，共同获得经济红利，且这种红利就是通过房地产资产管理互联网作为媒介来实现的。

参考文献

[1] Yves Auclair. 房地产资产管理的北美经验 [J]. 中国房地产业，2014 (7).

[2] Veronica Cacdac Warnock, Francis E. Warnock. Markets and Housing Finance [J]. Journal of Housing Economics. 2008, 17 (3).

[3] Ogawa Kazuo & Wan Junmin. Household Debt and Consumption: A Quantitative Analysis Based on Household Micro Data for Japan [J]. Journal of Housing Economics. 2007, 16 (2).

[4] Loren Brandt, Carsten A. Holz. Spatial Price Differences in China: Estimates and Implications [J]. Economic Development and Cultural Change. 2006, 55 (1).

[5] Korinek A. "Systemic Risk-taking: Amplification Effects, Externalities, and Regulatory Responses" [Z]. Work-in-Progress of University of Maryland, 2009.

[6] Kleinman Mark. housing welfare and the state in Europe: a comparative analysis of Britain [J]. France and Germany Cheltenham: Edward, 1996.

[7] Karolien De Bruyne, Jan V an Hove. Explaining the spatial va riation in housing prices: an economic geography approach [J]. Applied Economics. 2013 (12).

[8] Huiran Pan, Chun Wang. House prices, bank instability, and economic growth: Evidence from the threshold model [J]. Journal of Banking and Finance. 2013 (5).

[9] Herring, Richard and Susan Wachter. Bubbles in Real Estate Markets [N]. zell/Lurie Real Estate Center Working paper 402, March 2002.

[10] Ferda Halicioglu. The demand for New Housing in Turkey: an Application of ARDL Model [J]. Global Business and Economics Review. 2007, 9 (1).

[11] Denise and William C. Wheaton. Urban Economics and Real Estate Markets [J]. Englewood Cliffs, N.J. Prentice Hall. 1996.

[12] Clayton Jim. Mackinnon Greg. The Relative Importance of Stock, Bond and Rereal estate Factors in Explaining REIT Returns [J]. The journal of Real Estate Finance and Economics, 2003 (27).

[13] Chung H. J. Kim. Housing Speculation and Housing Price Bubble in Korea [J]. International Journal of Property Sciences, 2009 (1).

[14] Chen, Chien-Liang & Kuan, Chung-Ming & Lin, Chu-Chia. Saving and Housing of Taiwanese Households: New Evidence from Quantile Regression Analyses [J]. Journal of Housing Economics. 2007, 16 (2).
[15] Chen Jie. Re-evaluating the Association between Housing Wealth and Aggregate Consumption: New Evidence from Sweden [J]. Journal of Housing Economics, 2006, 15 (4).
[16] Case KarlE and Robert Shiller. The Efficiency of the Market for Single Family Homes[J]. America Economic Review, 1989 (79).
[17] Capozza, Dennis R and Helsley Robert. The Risk Structure of Land Markets [J]. Journal of Urban Economics. 1994 (35).
[18] Andrey Pavlov, Susan Wachter. Subprime Lending and Real Estate Prices [J].Real Estate Economics. 2011 (1).
[19] Adam Dasgupta, Titman. Financial Constraints, Competion and Hegging in Industry Equilibrium [J]. Journal of Finance, 2007 (62).
[20] A.C. Helderman. Once a Homeowner, Always a Homeowner? An Analysis of Moves out of Owner-occupation [J]. Journal of Housing and the Built Environment. 2007 (22).
[21] 周琼. KMV 模型对房地产上市公司信用风险度量的实证研究 [J]. 金融论坛, 2011, 25 (4).
[22] 中国经济体改所. 中国的经济波动 [M]. 成都：四川人民出版社，1993.
[23] 张学江. 人寿保险公司的资产负债管理 [J]. 金融研究，2002 (3).
[24] 张所续. 我国银行信贷政策对房地产市场的影响 [J]. 资源与产业，2011 (2).
[25] 姚长辉. 中国住房抵押贷款证券创新研究 [M]. 北京：北京大学出版社，2001.
[26] 薛怀宇，杜晓军，张涛. 境外房地产投资信托（REITs）发展对我国的启示 [J]. 金融理论与实践，2009 (2).
[27] 徐晓明. 中国房地产行业风险分析研究 [D]. 吉林：吉林大学，2012.
[28] 徐滇庆，于宗先，王金利. 泡沫经济与金融危机 [M]. 北京：中国人民大学出版社，2000.
[29] 萧灼基. “房产市场总体上不存在泡沫” [N]. 中国证券报，2002-11-27.
[30] 翁伟翔，张金鹗，陈明吉. 台湾不动产证券化产品市场需求之初探 [J]. 住宅学报，2003.
[31] 王筝. 房地产市场大趋势下金融资产管理公司策略选择 [J]. 哈尔滨金融学院学报，2015 (12).
[32] 王诤诤，陈华东. 房地产投资信托运营模式研究 [J]. 金融理论与实践，2004 (9).
[33] 王健. 探析房地产资产管理的创新 [J]. 科技展望，2015 (4).
[34] 谭晓红. 我国房地产价格波动与金融风险研究 [D]. 成都：西南财经大学，2012.

［35］宋凌峰，叶永刚. 中国房地产行业宏观金融风险研究——基于金融稳定的视角［J］. 经济管理，2010（12）.
［36］世界银行亚洲区中国局环境、人力资源和城市发展处. 中国城镇住房改革的问题与方案［M］. 北京：中国财政经济出版社，1992.
［37］世界银行.2014 年世界发展报告［M］. 北京：中国财政经济出版社，2014.
［38］世界银行.2010 年世界发展报告［M］. 北京：中国财政经济出版社，2010.
［39］世界银行.2008 年世界发展报告［M］. 北京：中国财政经济出版社，2008.
［40］世界银行.2002 年世界发展指标［M］. 北京：中国财政经济出版社，2004.
［41］施显谋. 景气变动［M］. 台北：台湾水牛出版社，1978.
［42］阮连法，舒小乐. 我国房地产投融资体制发展的新动向——房地产投资信托［J］. 技术经济与管理研究，2004（1）.
［43］曲世军. 中国房地产金融风险判断及防范体系架构研究［D］. 东北师范大学，2008.
［44］邱峰. 房地产信托业发展综述及展望［J］. 吉林金融研究，2012.
［45］罗晓娟. 信贷支持与房地产金融风险［J］. 西南金融，2013.
［46］楼当. 信息不对称所致的中国房地产信托风险与防范［J］. 上海房地，2006（9）.
［47］龙云. 中国房地产信托的治理结构的缺陷及其改进［J］. 上海金融，2006（2）.
［48］刘锡亮，苗文龙. 风险准备、风险分担与金融风险防范及化解［J］. 金融监管研究，2013（5）.
［49］刘佳慧. 浅谈房地产资产管理的创新［J］. 经营管理，2017（2）.
［50］李智. 中国房地产投资信托风险规避机制之建构［J］. 上海大学学报（社会科学版），2008（11）.
［51］黎曦，骆汉宾，陈翊. 房地产投资信托风险管理［J］. 经济建筑，2006（9）.
［52］关国亮. 论保险资金运用与资产负债管理［J］. 保险研究，2003（5）.
［53］戴德梁行. 掘进内地房地产资产管理市场［J］. 中国物业管理，2011（11）.
［54］陈湛匀，三好慎一郎. 中国宏观经济监控研究［M］. 上海：上海科普出版社，1993.
［55］沈利生. 中国经济波动和宏观调控研究［M］. 北京：社会科学文献出版社，1995.
［56］安体富，窦欣. 论土地财政与房地产调控［J］. 地方财政研究，2011（2）.

后　记

2021 年中央经济工作会议提出“探索新的发展模式”“因城施策促进房地产业良性循环和健康发展”，对房地产业发展提出了新的要求。

回顾我国房地产发展的历史：1998 年城镇住房制度改革开启了全国房地产市场发展的序幕，之后经历了多轮快速增长期，直到 2021 年房地产市场的形势发生了重大的变化——全国房地产销售面积和销售额在 2021 年下半年出现了断崖式下跌，至 2022 年 5 月，房地产市场仍没有得到恢复。在百年未有之大变局的新的历史时期，在经济遭遇多重不确定的时代背景下，中国房地产的发展也发生了变化，随之房地产资产管理也应做出相应的调整。利用资产管理的方式运作房地产项目是我国房地产市场发展的重要趋势，也是各国房地产发展的一般规律。现阶段对房地产市场尤其是房地产市场资产管理进行研究是非常有理论和现实意义的。

笔者攻读博士学位期间对房地产资产管理这个选题进行了调查研究。历经千辛，方得始终，于 2018 年完成了相关课题，本书稿是基于笔者攻读博士学位期间的阶段性成果整理而来，由于各种原因直到 2022 年才得以出版。虽然此时中国的房地产资产管理状况已有一些变化，但作者仍然选择将其付梓出版，以期能作为历史研究成果被记录下来，因为这是笔者迈上更高一级台阶的奠基石。

在书稿创作完成的过程中，笔者得到了很多人的帮助。在此我要感谢我的导师李连仲教授，他以科学严谨的治学态度和坚实的专业知识对我的研究过程进行了悉心指导，才让书稿得以顺利完成。感谢领航博士班的同学们，与你们一起求学的博士时光将会成为激励我努力前进的动力。感谢我的家人们，感谢你们的鼓励、理解、支持与关爱。感谢单位领导和同事对我的理解、支持及工作上的分担照顾！也感谢很多的其他朋友，在书稿创作出版的过程中给予了很多有益的建议，使书稿得以付梓出版。

苏英亮

2022年10月